참 쉬운
뚝딱 한국사

6

참 쉬운 뚝딱 한국사 ❻
대한민국

1판 1쇄 찍음	2023년 1월 15일
1판 1쇄 펴냄	2023년 1월 20일

글쓴이	이기범
그린이	강혜숙
감수 및 추천	서울 초등사회교과교육연구회
펴낸이	박상희
편집 주간	박지은
편집 진행	김지호
기획·편집	박물관북스
디자인	아이디어스푼
펴낸곳	㈜비룡소 출판등록 1994.3.17.(제16-849호)
주소	06027 서울시 강남구 도산대로1길 62 강남출판문화센터 4층
전화	영업 02-515-2000 편집 02-3443-4318, 9 팩스 02-515-2007
홈페이지	www.bir.co.kr
제품명	어린이용 반양장 도서
제조자명	㈜비룡소
제조국명	대한민국
사용연령	3세 이상

ⓒ 이기범, 강혜숙, 박물관북스 2023. Printed in Seoul, Korea.

ISBN 978-89-491-8279-7 74910 / ISBN 978-89-491-8280-3 (세트)

참 쉬운 똑똑한국사 ⑥

대한민국

이기범 글 강혜숙 그림
서울 초등사회교과교육연구회 감수 및 추천

비룡소

차례

1장

010 광복과 함께 돌아온 우리말과 글

- 012 ● 독립을 위한 비밀 작전, 알려지지 않은 독립운동가
- 014 ● 모든 일본군은 항복하라!
- 016 ● 떠나는 일본인, 돌아오는 한국인
- 018 ● 어제는 일본어 선생님, 오늘은 국어 선생님
- 020 ● 잊어버린 한글을 다시 배우다
- 022 ● 『조선말 큰사전』 총 6권을 발간했어요
- 024 ● 미국과 소련의 군대가 들어오다

- 026 ● 단원 정리

2장

028 우리나라가 둘로 갈라졌어요

- 030 ● 38도선이 생겼어요
- 032 ● 미군과 소련군이 신탁 통치를 논하다
- 034 ● 새 나라의 지도자는 누가 되어야 할까?
- 036 ● 북한 정부는 어떻게 만들어졌나요?
- 038 ● 제주 4·3 사건은 왜 일어났을까요?
- 040 ● 대한민국 정부는 어떻게 만들어졌나요?
- 042 ● 김구의 외침, 두 개의 정부는 안 됩니다!
- 044 ● 김구가 최후를 맞이한 경교장

- 046 ● 단원 정리

3장

048 민족의 슬픔, 6·25 전쟁

- 050 ● 전쟁터로 변해 가는 38도선
- 052 ● 개성 송악산을 지킨 육탄 10용사
- 054 ● 전쟁의 그림자가 드리운 한반도
- 056 ● 6·25 전쟁이 일어나기 전 우리 군인들
- 058 ● 한반도의 비극, 6·25 전쟁
- 060 ● 6·25 전쟁 때 사용했던 무기와 전차
- 062 ● 교복을 입고 전쟁터에 나간 학도병들
- 064 ● 국제연합군(유엔군)이 결성되다
- 066 ● 6·25 전쟁 전후로 뿌려진 심리 전단들
- 068 ● 맥아더 장군의 인천 상륙 작전
- 070 ● 중국군의 개입
- 072 ● 흥남 철수 작전과 1·4 후퇴
- 074 ● 계속되는 전쟁, 그리고 휴전
- 076 ● 나라를 지키기 위해 노력한 숨은 영웅들
- 078 ● 전쟁의 결과는 분단
- 080 ● 전쟁 후 겪은 비극적인 모습들
- 082 ● 6·25 전쟁 후 남겨진 아이들
- 084 ● 전쟁의 결과는 정말 참혹했어요
- 086 ● 100칸으로 보는 6·25 전쟁

- 088 ● 단원 정리

4장

090 전 세계가 놀란 대한민국의 경제 발전

- **092** 세상에서 가장 가난한 나라, 대한민국
- **094** 힘을 합쳐 전쟁이 남긴 피해를 극복해요
- **096** 경제 개발 5개년 계획과 새마을 운동
- **098** 올림픽과 월드컵으로 대한민국을 알리다
- **100** 한강의 기적에서 세계 일류 국가로 발전하다
- **102** 국민들의 노력으로 극복한 경제 위기

- **104** 단원 정리

5장

106 국민이 대한민국의 주인이다!

- **108** 이승만 대통령이 12년 만에 물러나다
- **110** 16년 동안 같은 대통령이 통치했어요
- **112** 우리는 기계가 아니다! 근로 기준법을 지켜라!
- **114** 전태일기념관과 평화 시장
- **116** 민주주의의 횃불, 5·18 민주화 운동
- **118** 대통령은 우리 손으로 뽑을 거예요
- **120** 촛불을 든 위대한 시민들

- **122** 단원 정리

6장

124 통일은 정말 이루어질까요?

- **126** 분단의 상징, 비무장지대(DMZ)
- **128** 청와대 습격 사건과 실미도 사건
- **130** 처음으로 맞잡은 손, 7·4 남북 공동 성명
- **132** 평화를 위한 남북 정상 회담
- **134** 전 세계를 울린 남북 이산가족의 만남
- **136** 통일이 되면 무엇이 좋아질까요?

- **138** 단원 정리

7장

140 교과서보다 친절한 문화, 문화재 이야기

- **142** 그림으로 보는 6·25 전쟁
- **144** 한국의 현대사를 상징하는 세계 기록 유산 3개
- **146** 애국선열의 영혼이 잠든 곳, 효창공원
- **148** 전국에 있는 6·25 전쟁 유적으로
- **150** 현충원, 나라를 위해 목숨 바친 사람들
- **152** 민주주의를 위해 목숨 바친 사람들을 기리는 곳
- **154** 대한민국의 발전을 만나는 곳
- **156** 대한민국의 역사를 만드는 사람들

- **158** 이 책에 실린 사진들

초등 사회 교과 연계표

「참 쉬운 뚝딱 한국사」 시리즈는
현행 초등 사회 교과서의 교과 내용을 연계하여 구성했습니다.

사회

3학년 1학기   2단원. 우리가 알아보는 고장 이야기
　　　　　　　　(1)우리 고장의 옛이야기
　　　　　　　　(2)우리 고장의 문화유산

3학년 2학기   2단원. 시대마다 다른 삶의 모습
　　　　　　　　(1)옛날과 오늘날의 생활 모습
　　　　　　　　(2)옛날과 오늘날의 세시 풍속

4학년 1학기   2단원. 우리가 알아보는 지역의 역사
　　　　　　　　(1)우리 지역의 문화유산
　　　　　　　　(2)우리 지역의 역사적 인물

5학년 2학기   2단원. 사회의 새로운 변화와 오늘날의 우리
　　　　　　　　(2)일제의 침략과 광복을 위한 노력
　　　　　　　　(3)대한민국 정부의 수립과 6·25 전쟁

6학년 1학기   1단원. 우리나라의 정치 발전
　　　　　　　　(1)민주주의 발전과 시민 참여

6학년 1학기   2단원. 우리나라의 경제 발전
　　　　　　　　(2)우리나라의 경제 성장

국어

3학년 1학기   국어(가) 5단원. 중요한 내용을 적어요
　　　　　　　　(1)글을 읽고 내용을 간추리는 방법 알기
　　　　　　　　(2)글을 읽고 내용을 간추리기

3학년 2학기   국어(나) 9단원. 작품 속 인물이 되어
　　　　　　　　(1)글을 읽고 인물에 대해 이야기하기

4학년 2학기   국어(가) 2단원. 마음을 전하는 글을 써요
　　　　　　　　(1)마음을 전하는 글을 쓰는 방법 알기
　　　　　　　　(2)마음을 전하는 글 쓰기

도덕

3학년 2학기   도덕 6단원. 생명을 존중하는 우리
　　　　　　　　(1)생명은 소중해요
　　　　　　　　(2)생명 존중, 이렇게 실천해요

4학년 2학기   도덕 5단원. 하나 되는 우리
　　　　　　　　(1)혼자 가면 어려워요
　　　　　　　　(이산가족 상봉, 분단의 아픔과 어려움)
　　　　　　　　(2)함께 가는 길을 찾아요

*초등 사회 교과서의 단원명은 학교에 따라 다를 수 있습니다.

서울 초등사회교과교육연구회가
「참 쉬운 뚝딱 한국사」 시리즈를 추천합니다.

많은 아이들이 한국사를 외울 것이 많고 어려운 과목이라고 생각합니다.

한국사의 흐름을 이해하지 않고 무조건 외우려고만 하니

지루하고 따분하게 느껴질 수밖에 없습니다.

「참 쉬운 뚝딱 한국사」 시리즈는 역사적 인물과 사건에 초점을 맞추고

마치 부모님이 재미있는 옛날이야기를 들려주는 것처럼 설명하여

역사를 처음 접하는 아이들이 한국사에 흥미를 가질 수 있도록 해 주는 책입니다.

또한 각 장의 첫 부분에 해당 주제의 역사 연표를 보여 주어

전체적인 흐름을 잡도록 도와주고,

본문은 핵심 내용을 기억하기 쉬운 그림과 사진으로 표현하여

어린이 스스로 학습한 내용을 체계화하고, 이해할 수 있도록 구성했습니다.

'단원 정리'에는 초등학교 수준에서 어려운 역사 용어와 유물,

인물 등을 정리하고, 공부한 내용을 확인하는 문제가 수록되어 있어

우리 역사에 흥미를 갖고 기본을 다지는 데 도움이 됩니다.

6권에서는 광복 이후 나라를 안정시키려던 시기부터 6·25 전쟁과 분단의 큰 아픔을 딛고

정치, 경제적 발전을 이루며 현재의 대한민국에 이르는 역사를 알려 줍니다.

초등학생 눈높이에 맞춰 만들어진 「참 쉬운 뚝딱 한국사」 시리즈를 읽으면서

한국사의 큰 흐름을 스스로 이해하고, 역사에 대한 흥미와 자신감을 가져 보세요!

*서울 초등사회교과교육연구회는 초등학교에서 사회를 가르치는 선생님들이
  사회를 더 재미있게 가르치기 위해 연구하는 모임입니다.

1장
광복과 함께 돌아온 우리말과 글

1945년 8월 15일, 드디어 꿈에 그리던 광복을 맞이했어요.
35년간 일본에게 빼앗겼던 나라를 되찾았어요.
일본군이 쫓겨나고 독립운동가들이 돌아왔어요.
우리말은 물론 우리글도 되찾았어요.
사람들은 얼싸안고 만세를 외쳤어요.
하지만 광복의 기쁨도 잠시, 다른 나라들이
우리나라에 들어왔어요. 미국과 소련이었어요.
이 두 나라 때문에 우리나라가 겪게 된 가슴 아픈 역사를
함께 알아보기로 해요.

1945년 8월
· 일본 히로시마(6일)와 나가사키(9일)에 원자폭탄이 투하됨.
· 한국, 광복을 맞이함(15일).

1945년 9월
· 서울역 창고에서 『조선말 큰사전』 원고를 발견함.
· 가로쓰기 및 한글로 된 교과서를 만듦.
· 조선어 학회, 국어 교과서 편찬 위원회를 구성함.

1945년 10월
· 이승만, 귀국함.
· 최남선, 『신판 조선 역사』를 펴냄.

1945년 11월
김구 등 대한민국 임시 정부의 주요 인물들이 귀국함.

1946년 9월
교육 심의회, 새로운 교과 과정을 편찬함.

1946년 10월
조선 성명 복구령(일본식 이름을 원래 이름으로 바꾸는 법)을 널리 알림.

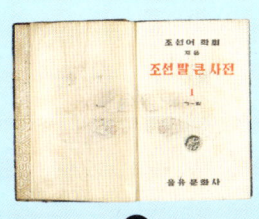

1947년 10월
『조선말 큰사전』 1권을 펴냄.

1948년 10월
'한글 전용법'을 널리 알림.

1949년 12월
최초의 '교육법'을 제정함.

독립을 위한 비밀 작전, 알려지지 않은 독립운동가

일본은 2차 세계 대전을 일으켰지만, 전투에서 계속 패배했어요.
우리나라는 이 기회를 놓칠 수 없었어요.
중국에서 우리나라의 독립을 위해 노력하던 대한민국 임시 정부는
미국 첩보 기관과 함께 최후의 작전을 준비했어요.
미국과 힘을 합쳐 한반도로 들어가 일본군을 몰아내는 작전이었어요.
한국 광복군의 대원들 일부가 이 훈련에 참여했어요.
미국에서는 이 작전을 '독수리 작전'이라고 불렀어요.

한편 또 다른 비밀 작전인 '냅코 작전'을 미국에서 준비하고 있었어요.
한국인 중 애국심이 투철하고 한국어, 일본어, 영어를 모두 할 줄 아는
사람들을 훈련시켜 일본의 정보를 알아내는 일이었어요.

모두 19명이 선발되었고 이름 대신 A, B, C, D 같은 암호로 불렸어요.
어려운 특수 훈련을 받은 대원들은 한반도에 먼저 들어가 중요한 정보를
알아내는 임무를 맡았어요.

두 작전은 원래 8월 18일에 실행하기로 계획되어 있었어요.
그런데 8월 6일과 9일, 일본에 원자폭탄이 떨어졌고, 일본이 8월 15일에
항복을 한 거예요. 일본의 갑작스러운 항복으로 두 작전은 취소되었어요.
안타깝게도 작전을 실행하지 못했지만 이렇게 우리나라의 독립을 위해
애썼던 대원들과 수많은 독립운동가가 있었음을 우리 모두 기억해요.

✏️ 독수리 작전과 냅코 작전이 모두 실패한 이유를 찾아 밑줄 그어 보세요.

모든 일본군은 항복하라!

2차 세계 대전을 일으킨 독일이 전쟁에 지고 항복했는데도
같은 편이던 일본은 전쟁을 멈추지 않았어요. 이에 연합국의 지도자들은
독일 포츠담에서 일본이 항복할 것을 요구하는 선언을 했어요.
그러나 일본은 항복을 거부했고, 결국 미국이 일본 히로시마와 나가사키에
원자폭탄을 투하했어요.
1945년 9월 2일, 마침내 연합군이 전쟁에서 승리했어요.
연합군은 전쟁을 일으킨 일본군에게 항복하라고 명령을 내렸어요.
이에 일본군의 총사령부가 모든 일본군 지휘관들에게
항복하라는 명령을 내렸어요. 이 명령을 '일반명령 1호'라고 해요.

* **투하**: 던져 아래로 떨어뜨림.

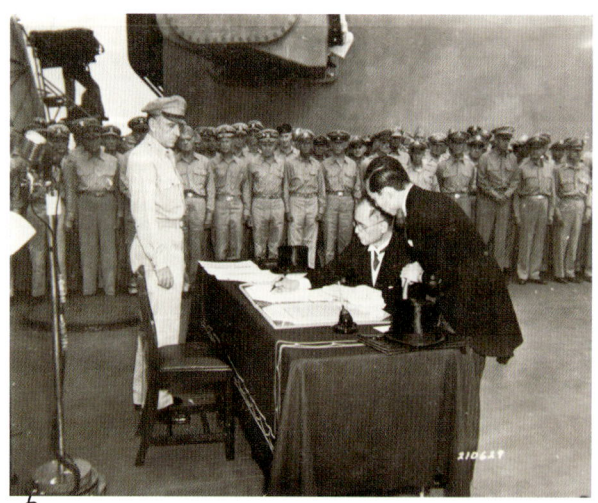

일본 항복 문서
1945년 9월 2일, 도쿄만에서 일본 대표가 연합군이 준비한 항복 문서에 서명했어요.
일본은 무조건 항복하고 연합군의 지배를 받아 어떤 명령이나 조치도 받아들이며
연합군 포로를 즉시 석방한다는 내용이에요. 항복 문서에는 연합군 총사령관
맥아더 장군, 연합군측 대표(미국, 중국, 영국, 소련, 오스트레일리아, 캐나다,
프랑스, 네덜란드, 뉴질랜드)가 함께 서명하였어요

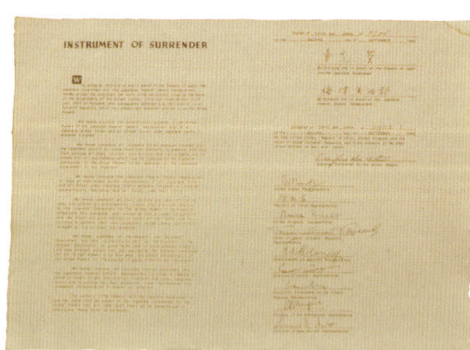

떠나는 일본인, 돌아오는 한국인

일본의 항복과 동시에 우리나라는 광복을 맞이했어요.
사람들은 마치 꿈을 꾸는 것 같았어요. 일본의 억압과 감시에서 벗어났고,
말과 글을 자유롭게 사용할 수 있고, 비로소 나라의 주인이 되었으니까요.
광복이 되자 우리나라에 있던 일본인들이 짐을 싸서 자기 나라로 돌아갔어요.
어떤 사람은 급하게 집과 재산을 팔고 도망쳤지만
대부분은 그냥 놓아둔 채 서둘러 한국을 떠났어요.
일본인들이 떠나자 나라 밖에 있던 우리나라 사람들이 돌아오기 시작했어요.
논밭을 빼앗기고 중국과 러시아로 떠났던 농민들,
일본의 광산과 공장으로 끌려갔던 노동자들이 돌아왔어요.
저 멀리 동남아시아의 섬에 학도병으로 끌려갔던 학생들도 돌아왔어요.
조국으로 돌아온 사람들은 가족 품에 안겨 눈물을 흘렸어요.
항구와 기차역 주변은 돌아오는 사람들로 매일 붐볐어요.
미국, 중국, 소련, 일본에서 나라를 지키느라 애쓴 독립운동가들은
많은 사람들에게 환영을 받았어요.

어제는 일본어 선생님, 오늘은 국어 선생님

광복을 맞이한 후 학교에 간 아이들은
일본말을 써야 할지, 우리말을 써야 할지 혼란스러웠어요.
그동안 학교에서 우리말을 쓰면 선생님에게 혼이 났거든요.
그런데 어제까지만 해도 일본말을 쓰던 선생님이 우리말로 수업을 했어요.
그리고 광복이 되었으니 '국어'는 일본말이 아닌 우리말이라고 말했어요.
일본말을 쓰는 것이 습관이 된 아이들은 실수로 일본말로 말하기도 했어요.
그래도 모두 행복했어요. 이제 우리말을 편하게 쓸 수 있으니까요.

곧이어 한글 교과서도 만들어졌어요.
조선어 학회(현재 한글 학회)의 노력으로
1945년 11월, 초등학교와 중학교 한글 교과서가 처음 나왔어요.
12월이 되자 전국 각 학교에서 한글 교과서로 공부하기 시작했어요.
3년 후에는 한글 교과서가 『국어』, 『국사』, 『초등셈본』, 『농사짓기』 등
54종으로 늘어났어요.

광복을 맞이한 뒤, 학교 수업 풍경이 달라졌는데요.
그중 하나를 본문에서 찾아 말해 보세요.

광복 이후 나온 교과서

1948년 10월 5일에 발행된 『바둑이와 철수』는 대한민국 정부 수립 이후 처음 나온 초등학교 1학년 1학기 국어 교과서예요. 이날을 기념하기 위해 매년 10월 5일을 '교과서의 날'로 정했어요.

바둑이와 철수(1948년)

국어 1-1(1950년)

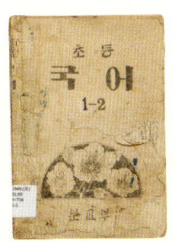

국어 1-2(1949년)

국어 2-1(1954년)

국어 2-2(1950년)

농사짓기 6(1949년)

성인 교육용 한글 첫 걸음

초등셈본 1-1(1947년)

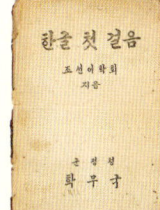

한글 첫 걸음

잊어버린 한글을 다시 배우다

일제 강점기 동안 많은 사람들이 한글을 잊어버렸어요.
광복을 맞이하자 사람들은 우리말로 맘껏 이야기를 나누고,
우리글을 다시 배우고 싶었어요. 그래서 어른 아이 할 것 없이
한글을 공부할 수 있는 책이 필요했어요. 여러 책들 중에서 최현배 선생님의
『우리말본』이 인기가 많았어요. 그래서 구하기가 쉽지 않았어요.
책을 구하기 위해 쌀 한 가마니를 지고 가거나,
달구지에 북어를 가득 담아 가서 값을 치르기도 했대요.
우리나라 사람들의 한글 사랑, 정말 대단하지요?
사람들은 어느새 다른 책도 읽고 싶었어요. 시집, 이야기책, 사전 등
많은 책이 나왔는데, 그중에서 가장 인기 있는 것은 역사책이었어요.
일제 강점기 때는 한글로 된 우리 역사책을 읽을 수 없었으니까요.
최남선이 쓴 『조선 역사』는 몇 달 만에 10만 부 넘게 팔렸어요.
1945년에는 8종류, 다음 해에는 59종류나 될 만큼 역사책이 많이 나왔어요.

* **달구지**: 소나 말이 쓰는 짐수레.

한글을 공부하는 책 중에서 사람들이 가장 좋아했던 책의 제목을 찾아 말해 보세요.

『조선말 큰사전』 총 6권을 발간했어요

조선어 학회는 『조선말 큰사전』을 펴내기 위해 13년 동안 노력했어요. 국어학자, 교육자, 사회운동가 등 100여 명이 넘는 사람들이 사전을 만드는 데 참여했어요. 그러나 일제 강점기에 조선어 학회 사람들은 우리말을 연구했다는 이유로 재판을 받게 되었어요. 그사이에 원고를 빼앗겨 잃어버렸어요. 다행히 1945년 9월 8일, 서울역의 한 창고에서 2만 6,500여 장의 원고를 기적적으로 찾았어요.

조선어 학회 회원들이 다시 『조선말 큰사전』을 완성하기 위해 노력한 끝에 1947년 10월 9일 한글날에 『조선말 큰사전』 1권이 발간되었어요. 그리고 1957년 10월 9일 한글날에 총 6권으로 완성했지요. 훗날 『조선말 큰사전』 원고는 보물로 지정되었어요.

북한에서도 1962년에 6권짜리 『조선말 사전』을 편찬했어요. 남과 북이 따로 한글 사전을 편찬한 거예요. 때문에 6·25 전쟁 후 남한과 북한의 말이 많이 달라졌어요.

『조선말 큰사전』이 완성되기까지 어떤 일이 있었는지 말해 보세요.

『조선말 큰사전』

『조선말 큰사전』을 만든 사람들

일본의 간섭과 탄압을 이겨 내고 전쟁 중에도 노력해 끝내 『조선말 큰사전』을 완성하여 우리 민족이 우리말과 우리글을 지키기 위해 끊임없이 노력했음을 보여 줬어요.

 # 미국과 소련의 군대가 들어오다

대한민국 임시 정부를 이끌던 백범 김구는 일본의 항복에
기쁨보다는 걱정이 먼저 앞섰어요.
미국의 원자폭탄 때문에 일본이 항복한 것이라서,
우리 손으로 광복을 맞이했다고 할 수 없었기 때문이에요. 수년 동안
애를 써서 준비했는데 미처 싸우기도 전에 일본이 항복했으니 허탈했지요.
게다가 일본으로부터 항복을 받아 낸 국가들이
우리나라에 영향을 끼칠 것이 분명했어요.
일본과 마지막에 전쟁을 해서 이긴 나라는 미국과 소련이었어요.
그런데 두 나라는 사이가 좋지 않았어요.
일본에 맞설 때는 힘을 합했지만, 전쟁에서 이긴 뒤에는
우리나라를 좌지우지하고 싶은 욕심을 서서히 드러냈어요.
김구의 걱정은 바로 이것이었어요. 그의 걱정대로 소련과 미국이
각각 한반도의 북쪽과 남쪽에 군대를 보냈어요.
일본군을 쫓아내기 위해서라고 했지만, 일본군이 사라진 자리에
두 나라의 군대가 머물렀어요.
광복의 기쁨도 잠시, 우리나라는 미국과 소련이라는 강대국 사이에서
또다시 어려움에 처했어요.

 김구가 독립을 한 뒤에도 기쁨보다 걱정을 더 많이 한 이유가 무엇인지 찾아 밑줄 그어 보세요.

단원 정리

알다 — 역사 용어

광복
일본에게 빼앗긴 나라를 되찾음. 독립, 또는 해방이라고도 말함.

한국 광복군
대한민국 임시 정부의 정식 군대.

원자폭탄
원자핵이 쪼개질 때 생기는 에너지를 이용한 폭탄. 원자폭탄이 터지면 주변이 순식간에 잿더미가 되고, 방사선에 오염됨.

학도병
학생인데 군인이 된 병사.

역사 인물 만나다

김구
대한민국 임시 정부의 대표가 되어 20년간 독립운동을 이끎.

유일한
냅코 작전에 참여한 첩보 요원. 광복 후 유한양행이라는 회사를 세워 참된 기업인으로 이름을 떨침.

최현배
한글 학자로, 우리가 쓰는 한글 맞춤법을 만들었음.

역사 생각 궁금하다!

일본은 왜 미국에 전쟁을 일으켰을까요?
미국을 이기고 태평양을 차지하기 위해서였어요.

김구는 독립이 되었는데 왜 기쁘지 않았을까요?
독립의 마지막 순간을 우리 손으로 해내지 못했기 때문이에요.

광복 이후, 한글로 된 책은 왜 인기가 높아졌을까요?
일제 강점기에는 일본어로 된 책만 볼 수 있었는데, 광복이 되어 마음껏 한글로 된 책을 읽을 수 있게 되었으니까요.

 **가다** 역사 장소

한글가온길
한글의 소중함을 알리고 세종대왕과 주시경 선생님의 뜻을 기리기 위해 2013년 서울시에서 서울 광화문 근처에 만든 길.

대한민국역사박물관
광복을 맞이한 우리나라의 이야기를 만날 수 있는 박물관. 한글가온길과 함께 서울 광화문 근처에 있음.

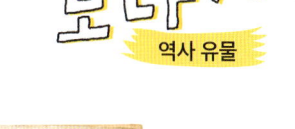 **보다** 역사 유물

『조선말 큰사전』
조선어 학회(한글 학회)에서 만든 한글 사전.

『바둑이와 철수』
정부 수립 후 처음으로 발행한 초등학교 1학년 1학기 국어 교과서.

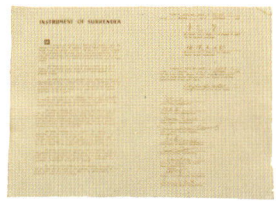
일본 항복 문서
일본은 무조건 항복하고 연합군의 지배를 받아 어떤 명령이나 조치도 받아들인다는 내용이 들어 있음.

 **확인하기**

01 광복이 되었다는 소식에 기뻐하기보다 걱정을 더 많이 한 독립운동가는 누구일까요?

① 김구 ② 윤봉길 ③ 안중근 ④ 유관순

02 다음 문장의 빈칸을 채워 보세요.

> (   )년 (   )월 (   )일. 드디어 꿈에 그리던 광복을 맞이했어요. 35년간 일본에게 빼앗겼던 나라를 되찾았지요. 일본군이 쫓겨나고, (   )들이 조국으로 돌아왔어요. 사람들은 얼싸안고 만세를 외쳤어요. 헤어졌던 가족을 만난 사람들은 기쁨의 눈물을 흘렸어요. 우리말은 물론 우리글도 되찾았어요.

03 비밀 작전과 내용을 알맞게 이어 보세요.

독수리 작전 ●   ① 정예 요원들이 한반도로 들어가 일본군의 위치 등 정보를 미리 알아내는 작전

냅코 작전 ●   ② 한국 광복군과 미국의 첩보 기관이 힘을 합쳐 한반도에서 일본군을 몰아내기로 한 작전

풀이 01 ① 02 1945, 8, 15, 독립운동가 03 독수리 작전-②, 냅코 작전-①

2장
우리나라가 둘로 갈라졌어요

8·15 광복은 우리 역사의 새로운 시작이었어요. 해야 할 일이 산더미처럼 많았지요.
사람들을 이끌 지도자를 뽑고 어떤 나라를 만들어 갈지 의논도 해야 했어요.
독립운동가들은 정치인이 되고, 경제인이 되고, 교육자가 되었어요.
다른 사람들도 서울 또는 각자의 고향에서 새로운 일을 시작했어요.
건국 준비 위원회라는 단체를 만들어 나라를 다스릴 권한을 일본으로부터 되찾아오는 등
완벽한 독립을 위한 일들을 했어요.
그런데 일본이 나가고 우리나라에 들어온 미국과 소련 때문에 큰일이 생겼어요.
도대체 무슨 일이 생긴 것일까요?

1945년 12월
신탁 통치 반대 운동이 일어남.

1945년 11월
'선구회'의 여론 조사 결과가 발표됨.

1945년 9월
미국과 소련, 한반도 군사 분계선(38도선)을 합의함.

1946년 3월
미소 공동 위원회 1차 회담이 개최됨.

1947년 7월
여운형, 혜화동 로터리에서 암살됨.

1948년 4월
· 제주 4.3 사건이 일어남.
· 김구, 남북 협상에 참여함.

1948년 5월
남한 단독 선거(5·10 총선거)가 치러짐.

1948년 7월
헌법 제정.

1948년 8월
대한민국 정부 수립.

1948년 9월
북한, 정권 수립.

1949년 6월
김구, 경교장에서 암살됨.

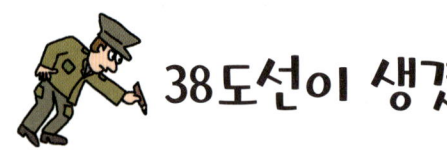
38도선이 생겼어요

지도를 펼쳐 놓고 보면 한반도 가운데를 통과하는 선이 하나 있어요.
38도선이에요. 이 선을 기준으로 남쪽에는 미군이,
북쪽에는 소련군이 머물렀어요.
원래 38도선은 한반도에 있던 일본군을 몰아내기 위해
미국과 소련이 들어오면서 각자 관리할 구역을 나눈 경계선이었어요.
그런데 일본군이 물러간 뒤에도 두 나라의 군대가 계속 머물렀지요.
미국과 소련은 둘 다 한국이 자기네 편이 되기를 바랐어요.
미군이 있는 남쪽은 자유 민주주의가 널리 퍼졌고,
소련군이 있는 북쪽은 공산주의를 받아들였지요.
남한과 북한은 차츰 서로 다른 모습으로 변해 갔어요.
시간이 지날수록 처음에는 쉽게 넘나들던 38도선도
더 이상 왕래하지 못하게 되었어요.

미군과 소련군이 신탁 통치를 논하다

미군과 소련군은 덕수궁에서 한국을 어떻게 할지 의논했어요.
두 나라는 한국 스스로 나라를 일으킬 능력이 없으니 자신들이 대신
이 나라를 다스리자고 의견을 모았어요. 이것을 신탁 통치라고 해요.
이 소식은 금세 나라 안에 알려졌어요. 광복을 맞이하자마자
또다시 다른 나라의 통치를 받는 것은 받아들일 수가 없었어요.
사람들은 광장에 모여 신탁 통치 반대를 외쳤어요.
그중에서도 김구와 이승만이 앞장서서 반대를 외쳤어요.
깜짝 놀란 미국과 소련은 유엔에서 한국 문제를 결정하자고 했어요.
유엔은 선거를 통해 한반도에 정부를 만들기로 했어요.
사람들은 누가 새 나라를 이끌 지도자가 될지 걱정이 되었어요.

*신탁 통치: 스스로 다스릴 수 있는 능력이 없다고 판단된 나라 또는 일정한 지역을 특정한 나라가 대신하여 다스리는 것.
*유엔: UN, 세계 국가들이 세계 평화를 위해 만든 국제기구인 국제연합(United Nations)을 줄여 이르는 말.

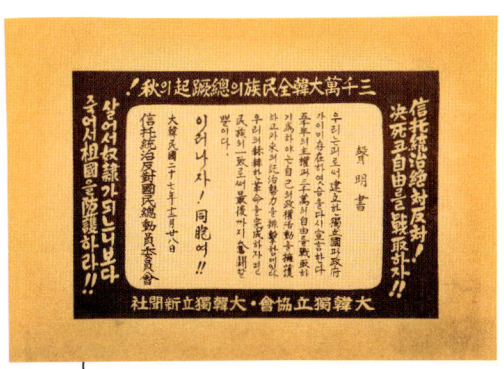

신탁 통치를 반대하는 전단지

신탁 통치를 반대하는 국민들의 모습

새 나라의 지도자는 누가 되어야 할까?

1945년, 선구회라는 단체에서 서울 시민 2천 명에게
'가장 뛰어난 지도자'가 누구인지 묻는 여론 조사를 했어요.
결과는 어떻게 나왔을까요? 1위는 여운형(33%)이었어요.
2위는 이승만(21%), 3위는 김구(18%), 4위는 박헌영(16%),
5위는 이관술(12%)이 차지했어요.
이관술과 박헌영은 소련과 같은 공산주의를 따랐어요.
사람들은 공산주의를 따르는 이들을 '좌익'이라 불렀어요.
이승만과 김구는 미국과 같은 자유 민주주의를 따랐어요.
이들을 '우익'이라고 해요.
건국 준비 위원회라는 단체를 만들어, 광복 이후에
우리나라를 세우기 위해 해야 할 일을 진행하고 있던 여운형은
우리 민족에게 도움이 된다면 좌익과 우익 모두 필요하다고 했어요.
이를 좌익과 우익의 가운데라 하여 '중도'라고 했어요.

광복을 맞이한 우리나라에는 이처럼 다양한 생각을 가진 지도자들이 많았어요.
토론하고 대화하며 서로의 장점을 잘 모았다면 얼마나 좋았을까요?
하지만 그들은 자신의 생각만 고집하며 편을 나누어 싸우기 시작했어요.
서로가 자기 생각이 옳다고 주장했지요. 좌익과 우익을 화해시키려 했던
여운형이 암살당하면서 좌익과 우익의 관계는 더욱 나빠졌어요.

* **암살**: 몰래 사람을 죽임.

북한 정부는 어떻게 만들어졌나요?

독립운동가들은 독립을 이루면 어떤 나라를 만들지 고민했어요.
세 가지 방법이 있었어요. 첫 번째는 왕이 다스리는 나라예요.
하지만 왕조 국가는 누구도 원하지 않았어요. 3·1 운동으로
나라의 주인은 왕이 아니라 국민이라는 사실을 깨달았기 때문이에요.
두 번째는 미국이나 영국처럼 개인들이 자유롭게 돈을 벌고
나라의 대표를 투표로 뽑는 나라예요. 이를 자본주의,
민주주의 국가라고 해요. 자유는 좋은데 부자들에게만 유리하다는 점이
문제였어요. 세 번째는 소련이나 중국처럼 공산당이
통치하면서, 국가가 모든 것을 계획하고
나누어 주는 나라예요. 이를 공산주의,
사회주의 국가라고 해요.
사람들에게 골고루 나누어 주는 것은
좋지만, 각자가 자유롭게
할 수 있는 일이 적다는 점이
문제였어요. 대한민국은
미군이 들어오면서 두 번째 방법을
선택했어요. 북한은 소련군이
들어오면서 세 번째 방법을 선택했어요.

1948년 9월 9일, 북한은 소련의 도움 아래 공산주의자들이 모여
조선민주주의인민공화국을 선포했어요. 북한의 최고 지도자는 김일성이 되었어요.
김일성은 40년 넘게 북한을 다스렸고,
아들인 김정일에게 권력을 물려주었지요.
김정일 역시 20여 년 후에 아들인 김정은에게 권력을 물려주었어요.

대한민국과 북한이 각각 선택한 나라의 모습을 찾아서 말해 보세요.

제주 4·3 사건은 왜 일어났을까요?

1947년 삼일절에 시작된 제주 4·3 사건으로 제주도에서는 서울 면적의 3배가 불타고, 제주도 인구의 10분의 1에 해당하는 많은 사람들이 목숨을 잃었어요. 우리나라 역사에서 6·25 전쟁 다음으로 많은 희생자가 나온 비극적인 일이지요.

광복을 맞이하자 육지로 떠났던 6만 명의 사람들이 고향인 제주도로 돌아왔어요.

드디어 보인다!
←제주도

갑자기 너무 많은 사람들이 고향으로 돌아오자 식량이 부족하고 일자리를 구할 수가 없었어요.

배고파
또 흉년이네!
배고파

흉년이 들고 전염병까지 퍼져 민심이 더욱 어지러웠어요. 미군정은 상황을 해결하는 대신 잘못된 정책을 펼쳤어요.

사람들이 굶어 죽는다.
아무리 그래도 친일파였던 사람을 쓰다니!
말도 안돼!

이히힝
아이가 깔렸다!
멈춰!

그런데 1947년 제주도에서 3·1절 기념행사를 구경하던 어린이가 경찰이 탄 말에 치이는 사고가 났어요.

기마경찰이 이를 못 보고 그냥 지나가자 화가 난 시민들이 경찰에게 돌멩이를 던졌어요. 놀란 경찰이 이것을 폭동으로 판단해 시민들에게 총을 쏘았어요. 6명이 죽고 6명이 다쳤어요.

악!
윽
처벌해…!
사과해라!
으악!
폭동이다!
탕 탕

*미군정: 광복 이후 대한민국 정부가 세워질 때까지 미군이 임시로 다스리던 기구.

이 사건으로 친일파 출신 경찰을 미워하던 제주도민들이 분노했어요. 하지만 미군정은 제주도민들의 말에 귀 기울이지 않았고, 오히려 제주도민들의 행동을 소련의 지시를 받은 좌익의 폭동으로 몰았어요.

1년간 수천 명이 감옥에 갇히고 심지어 고문 끝에 죽기도 했어요. 이에 일부 도민들은 스스로를 지키고자 무기를 들었어요. 1948년 4월 3일 무장대와 경찰 간에 큰 충돌이 일어났어요.

미군정은 무장대를 막겠다며 육지의 경찰과 우익 청년단을 제주도로 보냈어요. 그들은 무장대뿐만 아니라 수만 명의 제주도민들도 무참히 죽였어요.

제주도는 서로를 죽고 죽이는 비극의 현장이 되었어요. 70여 년이 지난 지금도 피해자들의 가족은 진실 규명과 화해를 위해 애쓰고 있습니다.

대한민국 정부는 어떻게 만들어졌나요?

대한민국은 새 정부를 수립하기 위해 여러 가지를 준비했어요. 먼저,
1948년 5월 10일, 유엔 감독 하에 우리나라 최초로 총선거가 열렸어요.
헌법을 만들 200명의 국회 의원을 뽑는 선거였어요.
사람들은 투표하기 위해 모두 투표장으로 나갔어요.
글자와 숫자를 몰라 고생하는 사람도 많았어요.
하지만 자기 손으로 국회 의원을 뽑는 마음만큼은 모두 같았어요.
선거를 할 수 없었던 제주도의 2개 지역을 제외하고,
198명의 제헌 의원이 선출되었어요. 제헌 의원들은 헌법을 만들고
이를 1948년 7월 17일 국민들에게 정식으로 알렸어요.
헌법 만든 날을 기념하기 위해 7월 17일을 제헌절로 정했어요.

* **총선거**: 국회 의원을 한꺼번에 선출하는 선거.

* **제헌 의원**: 헌법을 제정한 국회의 의원.

5·10 총선거 포스터

7월 20일, 제헌 의원들이 모여 첫 번째 대통령과 부통령을 뽑았어요. 이승만이 대통령에 당선되고, 독립운동가 이시영이 부통령에 당선되었어요. 그리고 나라 이름을 새로 정하기 위해 헌법 기초 위원회에서 투표를 했어요. 대한민국 17표, 고려공화국 7표, 조선공화국 2표, 한국 1표가 나왔어요. 1948년 8월 15일, 초대 대통령 이승만이 이끄는 대한민국 정부가 정식으로 수립되었어요.

김구의 외침, 두 개의 정부는 안 됩니다!

5·10 총선거로 대한민국이 탄생했지만 반쪽짜리 나라가 되었어요.
우선 북한에서는 소련의 방해로 선거를 하지 못했어요.
남한에서는 선거가 남북을 나누는 일이 될 거라며
김구를 비롯한 수많은 지도자들이 선거에 참여하지 않았어요.
제주도에서는 4·3 사건으로 인해 세 곳 중 두 곳에서 투표를 하지 못했어요.
그럼에도 대한민국 정부가 수립되자, 북한은 기다렸다는 듯
새로운 정부 수립을 발표했어요.
김일성을 수상으로 하는 조선민주주의인민공화국이 수립되었어요.
남과 북에 정부가 각각 들어서자 사람들은 불안했어요.

✏️ 김구가 단독 정부가 세워지는 것을
반대한 이유를 찾아 밑줄 그어 보세요.

이때 이미 38도선이 한반도를 가로막고 있었어.

나는 단독 정부를 세우는 데 협력하지 않겠다.

YOU ARE NOW CROSSING 38TH PARALLEL
US CDB 728MP

← 김구

김구는 "나는 통일된 조국을 건설하려다 38도선을 베고 쓰러질지언정 단독 정부를 세우는 데 협력하지 않겠다."라고 말했어요.
그는 분단은 전쟁으로 가는 지름길이라며 반드시 막아야 한다는 생각에, 평양에 가서 김일성을 만나고 서울에서 이승만 대통령을 설득했어요.
그러나 남북을 오가던 김구는 끝내 뜻을 이루지 못했어요.
1949년 6월 26일, 육군 소위 안두희가 쏜 총에 죽임을 당했기 때문이에요.
평화로운 통일은 김구의 죽음으로 한층 멀어졌어요.

김구가 최후를 맞이한 경교장

탕! 탕!

1949년 6월 26일, 김구가 있던 경교장 2층에서 총성이 들렸어요.

그날 김구는 세상을 떠났고, 김구에게 총을 겨눈 안두희는 붙잡혔어요.

경교장은 원래 금광업자이자 친일파인 최창학이 살던 '죽첨장'이라는

일본식 저택이었어요. 광복이 되자 최창학은 김구와 대한민국 임시 정부 요인들에게

집을 빌려주었어요. 경교장은 김구가 암살당한 후

다시 최창학이 가져갔고 이후 병원이 되었어요.

2005년 경교장은 사적이 되었고, 2013년에 옛 모습대로 복원되었어요.

경교장에 가면 총알로 깨진 유리창을 볼 수 있어요.

김구의 죽음을 생생히 느낄 수 있는 증거지요.

***사적**: 국가가 법적으로 지정한 문화재.

서울 경교장(서울 종로구)

대한민국 임시 정부 주석 백범 김구가 1945년 11월 23일 중국에서 돌아와 죽음을 맞이할 때까지 3년 7개월 동안 머물렀던 숙소이자 임시 정부의 마지막 청사. 서대문 부근의 '경교'라는 다리에서 그 이름을 따왔으며, 임시 정부 요인들이 모여 광복 후 나라를 안정시키기 위해 많은 일을 한 곳.

경교장의 깨진 유리창
두 발의 총알 자국이 남아 있는 경교장 2층 집무실 유리창.

귀빈 식당

경교장의 거실

임시 정부 요인들의 숙소
임시 정부 요인들의 숙소로 사용된 곳.

경교장에서 김구 선생이 총에 맞았을 때 입고 있던 옷

단원 정리

알다 — 역사 용어

신탁 통치
한 나라가 스스로 정부를 세울 때까지 다른 나라가 대신 다스리는 것.

유엔
전 세계 국가들이 2차 세계 대전 이후 세계 평화를 위해 만든 국제기구.

미군정
미국 군인이 다스리는 정부.

제헌 의원
헌법을 만든 첫 번째 국회 때의 의원.

역사 인물 만나다

여운형
국민들에게 가장 인기가 많은 독립운동가. 야구, 축구 등 체육을 널리 알림.

이승만
미국에서 외교를 통해 독립을 이루고자 함. 대한민국의 첫 번째 대통령.

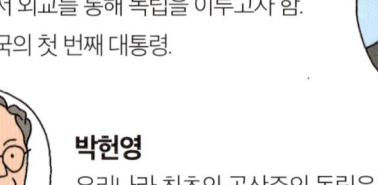

박헌영
우리나라 최초의 공산주의 독립운동가. 북한 부수상을 지냄.

이관술
박헌영과 함께 활동한 공산주의 독립운동가.

이시영
대한민국 임시 정부의 큰 어른으로 집안이 모두 독립운동을 함. 우리나라 첫 번째 부통령.

역사 생각 궁금하다!

미국과 소련은 왜 신탁 통치를 하려 했을까요?
자기 나라에 유리한 정부가 한반도에 만들고 싶었기 때문이에요.

북한에서는 왜 남북한 총선거를 반대했을까?
남쪽에 비해 북쪽 인구가 적어 선거를 하면 질 수 있기 때문이에요.

왜 38도선으로 나누었을까요?
우리나라 지도를 볼 때 남북으로 한가운데를 지나는 선이 38도선이기 때문이에요.

김구는 왜 대통령 선거에 출마하지 않았을까요?
남쪽만의 선거는 결국 남북을 분단시킬 것으로 여겼기 때문이에요.

가다  역사 장소

덕수궁 석조전
미군과 소련군이 위원회를 열고 신탁 통치를 의논한 곳. 원래는 고종 황제의 집무실.

제주 4·3평화공원
제주도에서 일어난 4·3 사건의 이야기를 자세히 만나고 추모할 수 있는 곳.

경교장
광복 후 돌아온 김구와 대한민국 임시 정부 요인들이 머물던 집. 이곳에서 김구가 총에 맞아 목숨을 잃음.

보다 역사 유물

5·10 총선거 포스터
우리나라 첫 번째 선거를 홍보하는 포스터.

대한민국 헌법 전문
제헌 의원들이 모여서 만든 우리나라 헌법의 첫 내용.

확인하기

01 우리나라의 신탁 통치를 의논한 두 나라가 바르게 짝지어진 것은 무엇인가요?
① 일본 - 중국 ② 영국 - 프랑스
③ 한국 - 북한 ④ 미국 - 소련

02 다음 사건을 시간 순서대로 연결해 보세요.
㉠ 김구 암살   ㉡ 5·10 총선거
㉢ 대한민국 정부 수립   ㉣ 제주 4·3 사건

03 다음에서 설명하는 인물은 누구인가요?

- 우리 민족에게 도움이 된다면 좌익이든 우익이든 필요하다고 여겼어요.
- 체육회 회장으로 야구, 축구 등 체육을 널리 알렸어요.
- 광복 후 '가장 뛰어난 지도자'를 묻는 여론 조사에서 1등을 차지했어요.

① 이승만
② 김구
③ 여운형
④ 박헌영

04 빈칸에 알맞은 말을 넣어 보세요.

제헌 의원들은 헌법을 만들어 1948년 7월 17일 국민들에게 정식으로 알렸어요.
헌법 만든 날을 기념하기 위해 7월 17일을 (   )로 정했어요.

3장
민족의 슬픔, 6·25 전쟁

한반도는 두 개의 정부가 들어선 후 점점 불안해졌어요.
남과 북은 서로가 진짜 정부라며 상대를 헐뜯었어요.
두 정부를 평화롭게 하나로 합하려던 노력은 약해지고
서로를 이기려는 욕심만 강해졌어요.
38도선은 국경선처럼 되어 버렸어요.
하루가 멀다 하고 일어났던 남북 간 다툼은
우리 역사상 가장 큰 아픔이자 비극인 6·25 전쟁으로 이어졌어요.
6·25 전쟁이 어떻게 일어나고 끝났는지,
그리고 이후 우리나라의 모습을 알아보기로 해요.

1948년 9월 — 대한민국 육군 및 해군 발족.

1948년 2월 — 조선인민군(북한군) 발족.

1946년 5월 — 38도선 통행이 금지됨.

1949년 5월 — 개성 송악산 전투가 일어남.

1949년 10월 — 대한민국 공군 창설.

1950년 1월 — 애치슨 선언 발표.

1950년 6월
· 6·25 전쟁이 일어남.
· 북한군이 서울을 차지함.

전쟁터로 변해 가는 38도선

남한과 북한에 정부가 각각 들어서자, 38도선 주변에서
크고 작은 문제가 생겼어요. 우선 자유롭게 남북을 오가던 길이 막혔어요.
그래도 여전히 많은 사람들이 38도선을 넘나들며 살았어요.
그러나 시간이 더 지나자, 군인들이 길목마다 서서 사람들을 검문했어요.
장사하는 사람은 물건을 수색당하거나 빼앗기기 일쑤였어요.
잠시 다른 지역에 갔다가 고향으로 가려는 사람도 38도선을 넘지 못하게 했어요.
가족도 만나지 못하고 부모님 무덤에 갈 수 없는 일도 생겼지요.
그러다 보니 북쪽에서 남쪽으로, 남쪽에서 북쪽으로
비밀리에 탈출하는 사람도 생겼어요.
그러자 군인들은 38도선을 몰래 넘는 사람을 잡아 가두거나 총을 쏘았어요.
심지어 38도선을 마주한 남북한 군인끼리 서로 총을 쏘기도 했어요.
38도선은 점점 총성이 잦아지는 전쟁터로 변해 갔어요.

***검문**: 검사하기 위하여 따져 물음.

개성 송악산을 지킨 육탄 10용사

6·25 전쟁이 일어나기 1년 전, 남한과 북한의 분위기는 험악했어요.
국군은 국경선인 38도선에서 가장 크고 가까운 도시인 개성을 지키기 위해
개성 송악산에 진지를 쌓았어요.
북한은 진지가 완성되면 남한이 유리해질 것이라는 생각에
1949년 5월 3일 새벽, 천여 명의 군대를 보내 송악산 진지를 빼앗았어요.
국군은 반격을 했지만 북한군의 기관총 때문에 번번이 실패했어요.
기관총을 없애지 않고서는 진지를 되찾기가 어려웠지요.
그때 박창근 하사가 수류탄을 가지고 혼자 기관총 진지로 뛰어들었어요.
하지만 그는 북한군의 공격을 받아 안타깝게도 전사했어요.
이 소식을 들은 서부덕 이등상사는 부하들과 다짐했어요.
"우리 함께 목숨을 걸고 박창근 하사가 이루지 못한 작전을 반드시 이루자."

아홉 명의 특공대는 가슴에 포탄을 안고 북한군의 기관총 진지로 뛰어들어 폭탄을 터뜨렸어요.
덕분에 기관총의 공격을 막아 낸 국군은 송악산 진지를 되찾을 수 있었어요.
자신들의 목숨을 희생해 송악산을 되찾게 한 이들을 '육탄 10용사'라고 불러요.
서부덕, 박창근, 김종해, 윤승원, 이희복, 박평서, 황금재, 양용순, 윤옥춘, 오제룡,
이 열 명이 육탄 10용사예요.

＊**진지**: 적과 싸울 수 있도록 장비를 갖추어 부대를 배치한 곳.

＊**전사**: 전쟁터에서 적과 싸우다 죽음.

나라를 지키기 위해 목숨을 바친 영웅들에게 편지를 써 보세요.

 전쟁의 그림자가 드리운 한반도

남한과 북한은 서로를 가짜 정부라고 비난했어요.
김구가 죽은 뒤 서로를 향한 비난과 위협은 더욱 심해졌어요.
남한은 북한과 통일해 자유 국가로 만들겠다고 했고,
북한은 남한을 해방시켜 공산 국가로 만들겠다고 했지요.

북한은 소련의 도움으로 무기를 받아 전쟁을 준비했어요.
전쟁 훈련을 모두 마친 북한 군인은 무려 20만 명이나 되었어요.
이제 북한은 소련군이 떠나도 자신만만했어요.
반면, 대한민국은 아무런 준비도 안 되어 있었어요.
미군이 떠나며 무기를 거의 다 가져가 전차나 전투기도 없었어요.
무기만 없는 것이 아니라 군인 수도 부족했어요.

국군은 북한군의 반밖에 안 되는 10만 명이 전부였고,
그나마 훈련을 제대로 받은 군인은 그 반의 반도 안 되었어요.
이런 가운데 미국이 애치슨 선언을 발표했어요.
애치슨 선언은 미국이 지키는 태평양 방위선에서 한반도를 제외한다는 내용이었어요.
남한은 스스로 지킬 힘도 없고, 미국의 도움도 받을 수 없었지요.
북한은 이 기회를 놓치지 않았어요.
북한이 남한을 공격해도 미국이 돕지 않을 거라고 판단했기 때문이에요.

* **애치슨 선언**: 1950년 1월 12일, 미국의 국무 장관인 딘 애치슨이 미국의 태평양 방위선을 알류샨 열도-일본-오키나와-필리핀을 잇는 선으로 한다고 발표함. 이것은 미국이 남한을 태평양 방위권 내에서 제외한다는 뜻임.

* **태평양 방위선**: 애치슨 라인이라고도 함. 미국의 국무 장관 딘 애치슨이 소련과 중국을 저지하기 위해 태평양에서 미국의 방위선을 규정함. 알류샨 열도-일본-오키나와-필리핀을 연결하는 선.

미국이 발표한 '애치슨 선언'이 남한에게 어떤 의미인지 말해 보세요.

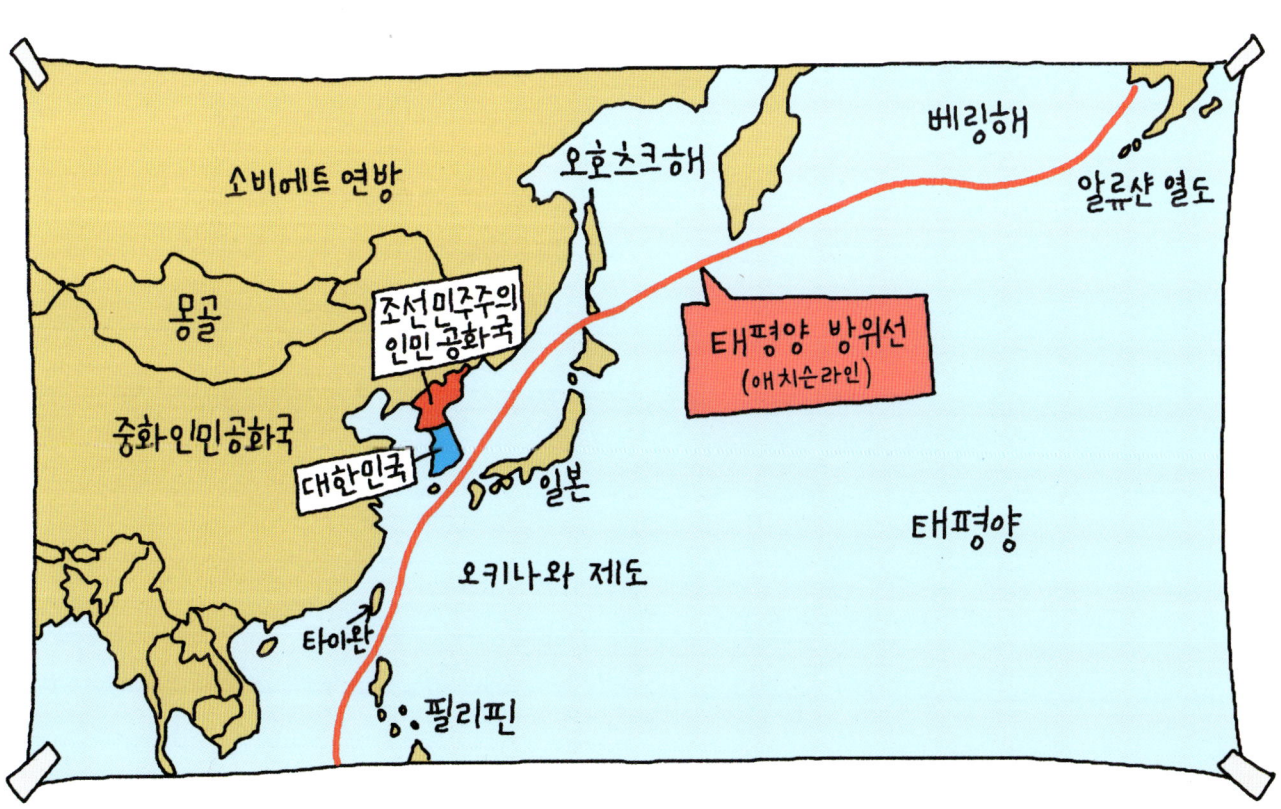

 # 6·25 전쟁이 일어나기 전 우리 군인들

북한은 끊임없이 무장 공비를 남한 곳곳으로 보냈고,
군인 수가 적었던 우리나라 국군은 무장 공비를 잡기 위해
여기저기로 흩어져서 활동했어요.
그래서 군사 훈련을 제대로 받을 시간도 많지 않았지요.
심지어 6·25 전쟁이 일어나기 직전에는 군인의 약 절반 정도가
농사일을 돕기 위해 휴가를 떠났어요.
그래서 국경이 텅 비어 있는 상태나 마찬가지였지요.
엎친 데 덮친 격으로 6·25 전쟁이 일어나기 전날에는 주요 지휘관들이
육군 회관 개관의 축하연에 참석하여 늦게까지 파티를 했어요.
다음 날 새벽에 무슨 일이 일어날지 전혀 알지 못했지요.

* **무장 공비**: 전쟁에 필요한 장비를 갖춘 공산당 부대.

한반도의 비극, 6·25 전쟁

1950년 6월 25일, 모두가 잠들어 있는 새벽에
북한이 우리나라로 쳐들어왔어요.
무기도 없고 훈련도 되지 않은 국군은 전쟁 준비를 철저히 해온
북한군을 막아 낼 수 없었어요. 그런데 라디오에서는
국군이 승리한다는 방송이 나왔어요. 이승만 대통령과 일행은 북한군이
한강을 건너는 것을 막기 위해 한강 다리를 폭파하고 대전으로 피신했어요.
북한군이 서울로 들어오고 있음을 뒤늦게 안 사람들은
피난을 가려 했지만 한강 다리가 끊어져 갈 수가 없었어요.
6월 28일, 결국 3일 만에 서울을 빼앗겼어요.
서울을 빼앗긴 국군은 계속 후퇴했어요.
전쟁이 일어난 지 불과 한 달여 만에 북한군이 낙동강까지 내려왔어요.
대구와 부산을 빼앗긴다면 전쟁은 북한의 승리로 끝나는 것이었어요.
우리나라는 온 힘을 다해 북한군을 막아야 했어요.

끊어진 한강 다리

6·25 전쟁이 일어난 당시 상황을 생생하게 말해 보세요.

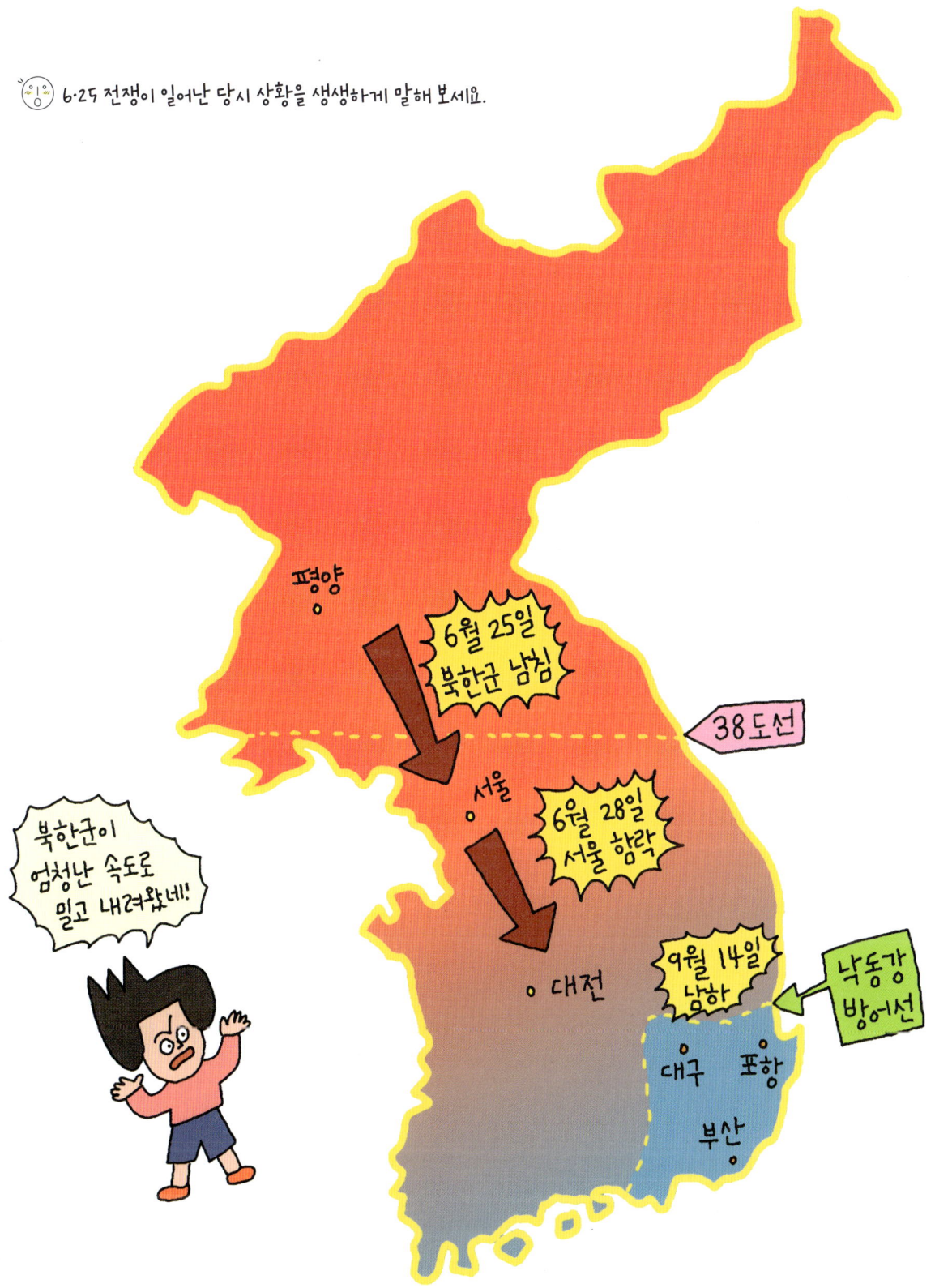

6·25 전쟁 때 사용했던 무기와 전차

6·25 전쟁이 일어났을 당시, 북한은 남한을 침공하기 위해
소련으로부터 전투기, 전차 등 많은 무기들을 들여와 전쟁을 준비한 상태였어요.
반면에 남한은 미군이 철수하면서 두고 간 낡은 장비들만 가지고 있었고,
전차나 전투기는 단 한 대도 없었어요.
무기만 비교해도 남한 군대가 북한군을 막아 내기 어려운 상태였어요.

6·25 전쟁 때 사용했던 무기와 전차를 살펴볼까요?

구경45 권총 M1911A1(부산진)
브라우닝 자동 권총
콜트 M1911A1 자동 권총
모신나강 소총
M1 개런드 소총

교복을 입고 전쟁터에 나간 학도병들

학생들도 나라를 지키기 위해 전쟁터로 나갔어요.
중학생, 고등학생, 대학생, 여학생, 남학생 할 것 없이 모두 총을 들었어요.
군복도 받지 못해 교복을 입고 싸웠어요. 그들을 '학도병'이라고 해요.
학도병들은 누구보다 더 열심히 싸웠어요.
열 배가 넘는 북한군과 싸우면서 뒤로 물러서지 않았어요.
쓰러지고 쓰러져도 끝까지 전쟁터를 지켰어요.

전쟁에서 수천 명의 학도병이 목숨을 잃었어요. 그중에
중학생이던 이우근은 전쟁터에서 어머니에게 편지를 썼어요.
같은 동포끼리 총을 겨누고 서로 죽여야 하는 것이 너무 힘들고
무섭다고 했어요. 그리고 어머니가 보고 싶다고 썼지요.
안타깝게도 이우근 학생은 끝내 전사하고 말았어요.
어머니에게 보내는 편지는 그의 옷에서 발견되었어요.

학도병의 모자

학도병의 태극기

어머님! 나는 사람을 죽였습니다.
돌담 하나를 사이에 두고
제가 죽인 사람이 10명은 될 것입니다.
...
아무리 적이었지만 그들도 사람이라고 생각하니
더욱이 같은 언어와 같은 피를 나눈 동족이라고 생각하니
가슴이 답답하고 무겁습니다.

어머님! 전쟁은 왜 해야 하나요.
이 복잡하고 괴로운 심정을 어머님께 알려 드려야
내 마음이 가라앉을 것 같습니다.
...
어서 전쟁이 끝나고 '어머니이!'하고 부르며
어머님 품에 털썩 안기고 싶습니다.
...
꼭 살아서 가겠습니다.

-1950년 8월 10일 아들 이우근

어머니!

국제연합군(유엔군)이 결성되다

유엔은 6·25 전쟁 속에서 어려움을 겪고 있는 남한을 도와주기로 결정했어요.
미국, 영국, 프랑스 등 16개 나라가 국제연합군(유엔군)을 이루었어요.
스웨덴, 인도, 덴마크, 노르웨이, 이탈리아, 독일은
의사와 간호사, 의료 물품을 지원해 주기로 했고요.
스위스, 이란, 이집트 등 42개 나라는
전쟁 구호 물품을 보내 주기로 했어요.

대한민국을 위해 16개의 나라가 참전했어.

미국 · 영국 · 프랑스 · 캐나다 · 네덜란드 · 오스트레일리아 · 뉴질랜드 · 필리핀
튀르키예 · 타이 · 남아프리카공화국 · 그리스 · 벨기에 · 룩셈부르크 · 에티오피아 · 콜롬비아

캐나다
미국
멕시코
쿠바
자메이카
아이티
도미니카공화국
온두라스
니카라과
과테말라
엘살바도르
코스타리카
파나마
콜롬비아
에콰도르
베네수엘라
브라질
페루
볼리비아
파라과이
칠레
아르헨티나
우루과이

뉴질랜드

065

6·25 전쟁 전후로 뿌려진 심리 전단들

남한군과 북한군은 6·25 전쟁 중, 그리고 그 후에 '심리 전단'을 많이 뿌렸어요. 남한과 북한이 상대를 비판하고 자기편으로 오게 하려고 인쇄해 만든 심리 전단을 서로에게 날려 보냈지요. 당시의 '심리 전단'를 보면 어떤 메시지를 전달하고자 했는지 알 수 있어요.

6·25 전쟁의 여러 가지 심리 전단들

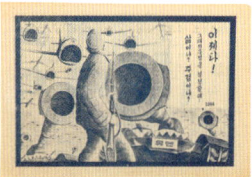

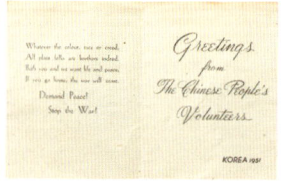

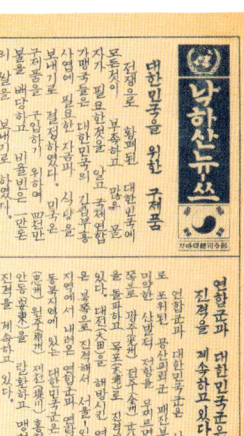

맥아더 장군의 인천 상륙 작전

국군이 미군과 함께 낙동강 방어선을 지키며 시간을 버는 동안
마침내 유엔군이 들어왔어요.
국군은 대구에서 포항에 이르는 낙동강 북쪽 구간을 맡았어요.
미군과 유엔군은 대구에서 마산에 이르는 낙동강 서쪽 구간을 맡았어요.
유엔군이 우리를 도왔지만 상황은 좀처럼 나아지지 않았고,
오히려 북한군의 공격이 더욱 거세졌어요.
수많은 군인들이 낙동강을 지키다가 쓰러져 갔어요.
이대로는 전쟁에서 이길 수가 없었어요. 유엔군 사령관 맥아더 장군은
비밀 작전을 펼쳤어요. 이것이 바로 '인천 상륙 작전'이에요. 함대를 이용해
인천 바다에 상륙한 다음 서울로 진격해 북한군을 무찌르는 작전이었어요.
성공만 한다면 단번에 전쟁을 역전시키고 서울을 되찾을 수 있었어요.
또한 낙동강에 있는 북한군을 포위할 수 있다는 장점도 있었어요.

하지만 인천 앞바다에는 배 수백 척을 댈 만한 곳이 없었고,
상륙해도 숨을 곳이 없었어요.
게다가 때를 놓치면 드넓은 갯벌에 배가 갇힐 수도 있었고요.
말 그대로 단번에 상륙하지 못하면 실패를 피할 수 없었지요.
주변에서 반대가 무척 심했지만 맥아더 장군은 뜻을 굽히지 않았어요.
전쟁의 승리를 위해서는 반드시 인천으로 상륙해야 한다고 주장했어요.
드디어 상륙 작전 명령이 내려졌어요.
1950년 9월, 260여 척의 함대가 인천 앞바다에 도착했어요.
새벽, 작전이 시작되자마자 팔미도 등대를 차지해 불빛을 밝혔어요.
상륙 부대들은 등대의 불빛을 보며 인천 앞바다의 월미도라는 섬에 상륙했어요.
그다음은 국군과 미군의 인천항 상륙이 시작되었어요.
항구와 도시 안쪽에서는 총격전이 벌어졌어요.
치열한 전투 끝에 우리나라가 북한군을 물리치고 승리했어요.
'인천 상륙 작전'은 대성공을 거두었어요.

인천 상륙 작전의 과정을 차례대로 이야기해 보세요.

맥아더 장군의 사진과 그가 사용한 담배 파이프

유엔군 사령관, 맥아더 장군
1950년 9월 15일, 인천 상륙 작전 당시
유엔군 사령관 맥아더가 마운트 매킨리(AGC-7) 함에 있는 모습.

중국군의 개입

인천 상륙 작전의 성공으로 국군과 유엔군의 사기가 크게 올라갔어요.
반면 북한군은 후퇴하기 시작했어요.
우리 국군은 포항, 대전과 서울, 강릉을 차례로 되찾은 다음,
10월 1일에 드디어 38도선을 넘어 북한으로 올라갔어요.
그리고 며칠 뒤에 평양을 차지하고 계속해서 북쪽으로 나아갔어요.
백두산과 압록강이 눈앞에 보였어요.
북한군은 거의 전멸했고 전쟁은 끝나는 줄 알았지요.

***전멸**: 모조리 죽거나 망하거나 하여 없어짐.

그런데 북한 편에 선 중국이 국군의 10배가 넘는 군대를 보냈어요.
중국은 북한처럼 공산주의 국가였어요. 북한이 전쟁에서 지면
다음은 자기 나라가 공격받을 거라 생각했기 때문에 군대를 보낸 거예요.
중국군은 살아남은 북한군들을 따라 산을 타고 밤에만 움직였어요.
우리 국군이 북쪽을 향하는 동안 중국군은 눈에 띄지 않게 남쪽으로 내려왔어요.

11월이 되자 중국군이 총공격을 펼쳤어요.
갑자기 나타난 중국군에 포위된 우리 국군과 유엔군은 크게 당황했어요.
게다가 겨울이 시작되자 혹독한 추위 때문에 도저히 싸울 수가 없었어요.

중국이 북한을 도와 남한을 공격한 이유를 찾아 밑줄 그어 보세요.

흥남 철수 작전과 1·4 후퇴

국군과 유엔군은 파도처럼 끝없이 밀려드는 중국군에 밀려 결국 후퇴하기로 결정했어요. 그 소식이 전해지자, 많은 북한 사람들이 자유를 찾아 흥남부두로 몰려갔어요. 원래 유엔군은 전쟁 무기, 전쟁 물자 등을 싣고 철수하려고 했지만, 우리나라의 김백일 장군과 현봉학 통역관이 피란민들을 두고 가면 모두 죽임을 당할 거라며 함께 데려가자고 설득했어요. 결국 수송선에 실으려 했던 많은 전쟁 물자와 차량을 적군이 사용하지 못하도록 불태우고, 그 대신 전함과 화물선, 상선 등 200여 척에 피란민들을 태우기로 결정했어요.

▷ 흥남 철수 작전(전쟁 기록화)

덕분에 1950년 12월 21일부터 24일까지 흥남부두에서 피란민 약 10만여 명이 무사히 남쪽으로 내려왔어요. 그중에서 메러디스 빅토리호는 1만 4천여 명의 가장 많은 피란민을 탈출시키는 데 성공했답니다. 그 후 중국군은 다시 38도선을 넘어 공격해 왔어요. 1951년 1월 4일, 국군은 서울을 다시 빼앗기고 남쪽으로 후퇴했어요. 이를 1·4 후퇴라고 해요.

「국제 시장」 등 1·4 후퇴와 관련된 영화를 보고 소감을 말해 보세요.

국군이 철수한다는 소식을 듣고, 흥남부두로 모여든 피란민들의 얼굴을 좀 봐.

전쟁물자 대신 피란민을 태워 약 십만 명의 목숨을 구해 낸 분들께 감사드립니다.

미국 해군 수송선에 타려고 기다리고 있는 피란민들

현봉학, 군복무 때 모습

흥남 철수 작전에서 북한 피란민들을 도운 현봉학은 6·25 전쟁 이후, 세브란스 의과 대학에서 학생들을 가르치는 교수이자 의사가 되었어요.

서울을 다시 찾은 상황을 체험하는 곳(전쟁기념관 전시실)

계속되는 전쟁, 그리고 휴전

우리 국군과 유엔군은 경기도 남쪽까지 후퇴하다가 다시 반격하기 시작했어요.
양평 지평리에서 미군과 프랑스군이 힘을 합쳐 중국군을 몰아냈어요.
중국군을 상대로 거둔 유엔군의 첫 번째 승리였지요.
이후 유엔군이 승리를 거듭하면서 1951년 3월 15일에 서울을 되찾았어요.
그러나 전쟁은 밀고 밀리는 싸움으로 이어지며 끝나지 않았어요.

중국군은 가만히 있지 않았어요. 5월이 되자 총공격을 펼쳤어요.
강원도가 적의 손에 넘어가고 경기도도 다시 위태로워졌어요.
이번에는 국군이 양평 용문산에서 중국군과 맞서 승리를 거두었어요.
춘천을 지나 화천 저수지에서 중국군을 또 한 번 크게 물리쳤어요.
승리를 기념하기 위해 화천 저수지의 이름을 파로호(오랑캐를 물리친 호수)로
바꾸었어요. 그러나 그 뒤 중국군이 반격해 북쪽으로 더 올라갈 수 없었어요.
지금의 휴전선과 비슷한 형태로 양쪽이 나누어졌어요.
누구도 승리하지 못하고 죽고 다치는 사람만
점점 늘었어요. 결국 1951년 6월, 소련의 제안으로
7월, 휴전 회담을 시작했어요.

파로호

나라를 지키기 위해 노력한 숨은 영웅들

6·25 전쟁을 치르는 동안 육군, 해군, 공군,
그리고 모든 국민이 나라를 지키기 위해 최선을 다했어요.
육군은 어려운 환경에서 열악한 무기로 싸우면서도
주어진 작전과 임무 등을 성공적으로 해냈어요.
해군은 북한의 작전을 혼란에 빠뜨리거나 실패로 이끌어 냈고,
유엔군 해군과 함께 인천 상륙 작전 등을 성공시켰어요.
전쟁 초기에 연락기와 훈련기만 가지고 있었던 공군은
수제 폭탄을 만들어 공중에서 손으로 떨어뜨리는 등 지상 작전을 도왔어요.
그 후 전투 비행단을 만들어 여러 작전을 훌륭하게 해냈답니다.

경찰은 치안 유지뿐만 아니라 수많은 전쟁을 국군과 함께 치렀어요. 특히
임시 수도인 대구를 지키기 위해 전국 각지에서 온 경찰들이 전투에 참가했으며,
그 후 북한 공비 토벌 작전까지 하는 등 많은 활약을 했습니다.
여군은 간호 장교로서 부상병들을 치료, 간호, 후송하는 역할을 했어요.
또 병역의 의무가 없는 여성들이 스스로 지원하여 행정 업무,
포로 심문, 특수 임무 등을 해냈답니다.

* **공비**: 무장하고 기습하는 공산주의자 무리.
* **토벌**: 무력을 써서 없앰.
* **포로**: 사로잡은 적을 말함.

✏️ 6·25 전쟁 동안 육군, 해군, 공군이 활약한 모습을 찾아 밑줄 그어 보세요.

노무원들의 활약도 기억해 주세요!

우리나라는 산으로 둘러싸인 지형 때문에 군수 용품을 운반하기가 힘들었어요.

이때 대단한 활약을 해낸 사람들이 바로 노무원들이에요.

노무원들은 엄청난 양의 군수 용품을 지게에 싣고 험한 산지를 오르내리며

국군에게 탄약, 연료, 식량, 보급품 등을 전달했어요.

* **노무원**: 노동자의 다른 말.
* **군수**: 전쟁이나 훈련을 할 때 군대에 필요한 것을 일컬음.

전쟁에 필요한 물건들을 지게에 싣고 험한 산을 오르내리며 운반하다니!

노무원들이 진 지게

노무원들이 군수 용품을 지고 산을 오르는 모습.

 ## 전쟁의 결과는 분단

2년간 정전 협상을 했지만 쉽게 결론이 나지 않았어요.
그동안 한 뼘의 땅이라도 더 차지하기 위해 여기저기에서 크고 작은
전투가 계속되었어요. 백마고지 전투, 단장의 능선 전투, 피의 능선 전투,
저격능선 전투, 화살머리고지 전투…….
그 외에도 셀 수 없을 정도로 수많은 전투가 벌어졌어요.
그로 인해 2년간 5만 명이 넘는 군인들이 38도선 부근에서 치열한 전투를
벌이다 목숨을 잃었어요. 1953년 7월 27일, 드디어 정전 협정이 이루어졌어요.
밤 10시 정각이 되면 모든 전쟁 활동을 멈추기로 했어요.
그런데 전쟁이 멈추던 날 많은 사람이 죽었어요.
마지막 순간에 차지한 땅이 영토가 되기 때문이었죠.

양쪽은 모든 무기를 퍼부었어요. 고지마다 목숨을 건 싸움이 펼쳐졌지요.
밤 10시 정각이 되자 총소리와 대포 소리가 거짓말처럼 멈추었어요.
6·25 전쟁은 이렇게 서로 피만 흘린 채 끝났어요.
하지만 전쟁은 끝난 것(종전)이 아니라 잠시 멈춘 것(정전)이 되었어요.
이때 결정된 정전이 오늘날까지 이어질 거라고 아무도
예상하지 못했어요. 정전 협정에 따라 38도선 대신 휴전선이 생기고
철조망이 놓였어요. 남북한은 완전히 나누어졌어요.
우리나라는 결국, 분단국가가 되었어요.

 전쟁 후 겪은 비극적인 모습들

6·25 전쟁은 우리 민족을 비극으로 몰아넣었어요.
사람들은 전쟁이 끝난 뒤에도 두려움을 떨쳐 버릴 수 없었어요.
조금 큰 소리만 나도 포탄과 총알이 날아드는 것 같아 잠을 잘 수 없었어요.
가족을 잃은 사람들은 슬픔과 그리움으로 매일같이 눈물을 흘렸어요.
어머니와 아버지를 잃은 아이들은 고아가 되었어요.
피란 중에 가족과 헤어진 이산가족도 참 많았어요.
전쟁 중에 몸을 다친 상이용사들이 거리에 가득했어요.
정겹던 집은 부서지고 마을은 불타 사라졌어요.
학교가 없어 언덕이나 무덤가에 천막을 치고 공부를 했어요.
외국에서 보내온 밀가루와 먹거리 등의 구호 물품에 의지해야 했어요.
총부리를 겨눈 북한을 미워하고 반공(공산주의를 반대하는 것)을 외쳤어요.

＊**이산가족**: 남북 분단 등의 일로 흩어져서 서로 소식을 모르는 가족.

＊**상이용사**: 군에서 복무하다가 부상을 입고 제대한 병사.

전쟁으로 처참해진 우리를 돕고자 유엔에서 한국 재건단을 보냈어요.
그러나 그들은 우리나라 구석구석을 살핀 뒤에 손을 내저었어요.
한국은 더 이상 희망이 없다고 고개를 저었어요.
한국이 다시 일어서는 것은 쓰레기통에서 꽃이 피길 바라는 것과 같다고 했어요.

 전쟁 후 우리 민족이 겪은 비극적인 모습을 3가지 이상 찾아 말해 보세요.

파괴된 서울의 모습.

6·25 전쟁 후 남겨진 아이들

↳ 노숙하는 아이

↳ 먹을 것을 찾아 구걸하는 아이들

↳ 구호품으로 온 부츠를 나누는 아이들

↳ 서울역 광장에서 고아 남매가 작은 불씨 앞에서 몸을 녹이는 모습

↳ 대동강을 건너는 피난민 사이에서 가족을 잃은 아이

↳ 보육원에서 밥을 배급받아 먹는 아이들

6·25 전쟁으로 부모를 잃은 아이들이 많아요. 전쟁 사진을 보면서 느끼는 마음을 솔직하게 말해 보세요.

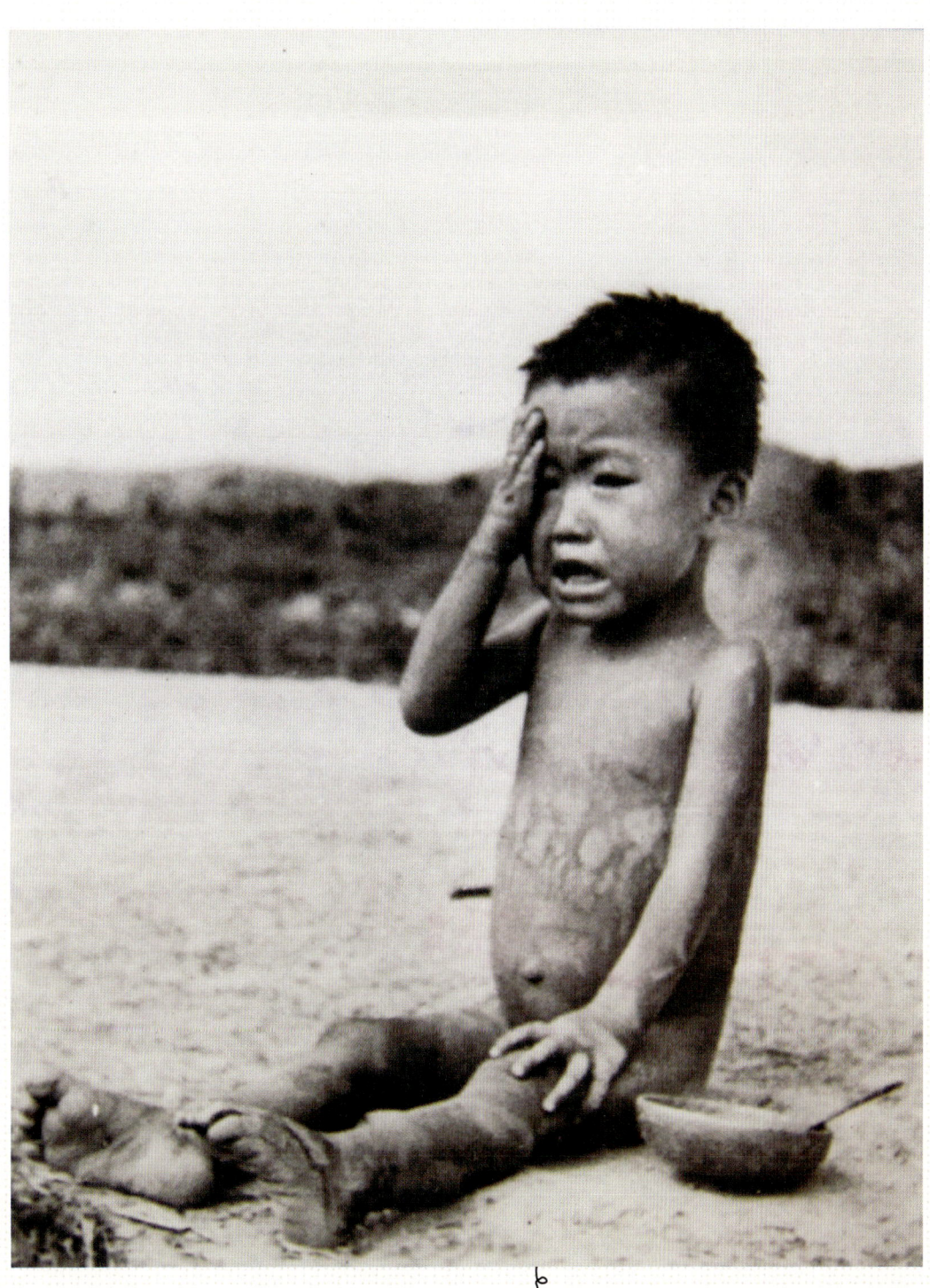

부모를 잃은 아이가 길가에서 울고 있는 모습

전쟁의 결과는 정말 참혹했어요

정전이 되었지만 사람들은 눈앞이 캄캄했어요.
전쟁 중에 죽고 다치고 실종된 사람이 너무 많았어요.
국군은 60만 명이 죽고 다쳤어요. 포로가 되거나 사라진 사람은 3만 명이에요.
유엔군은 14만 명이 죽고 다쳤어요. 포로가 되거나 사라진 사람은 1만 명이에요.
북한군과 중국군의 피해는 더욱 컸어요. 200만 명에 가까운 군인들이 죽고
다치거나 실종되었어요. 민간인의 피해는 참혹했어요. 고향을 떠난 사람이
500만 명이 넘고, 죽고 다친 사람은 100만 명이 넘었어요. 남편을 잃은 부인이
30만 명이 넘고, 부모를 모두 잃은 고아는 10만 명이 넘었어요.

집과 학교는 부서지고 공장은 망가져 사용할 수가 없었어요.
발전소가 없어 전기를 쓰지 못해 밤이 되면 도시가 캄캄해졌어요.
농토는 황폐해지고 산은 불에 타서 곳곳이 민둥산이었어요.
북한의 사정은 더욱 심각했어요.
폭격을 맞아 2층 이상의 건물이 거의 없었어요.

* **민둥산**: 나무가 없는 산.

전사자 명부
6·25 전쟁으로 목숨을 잃은
국군과 유엔군의 이름이 적혀 있음.

더욱 큰 문제는 살아남은 사람들이 서로를 미워한다는 것이었어요.
마을 주민들은 이웃을 감시하고, 학생들은 북한을 비난하는 교육을 받았어요.
가족이 북한에 남았거나 전쟁 중에 북한군에 잡혔던 사람들은 의심을 받았어요.
북한과 조금이라도 관련 있는 사람은 직장에서 쫓겨나고 일자리를 잃었어요.
6·25전쟁은 나라를 되찾아 기뻐하던 우리 민족을 8년 만에 갈라놓았어요.

전쟁의 비극적인 결과를 숫자로 읽어 보세요.

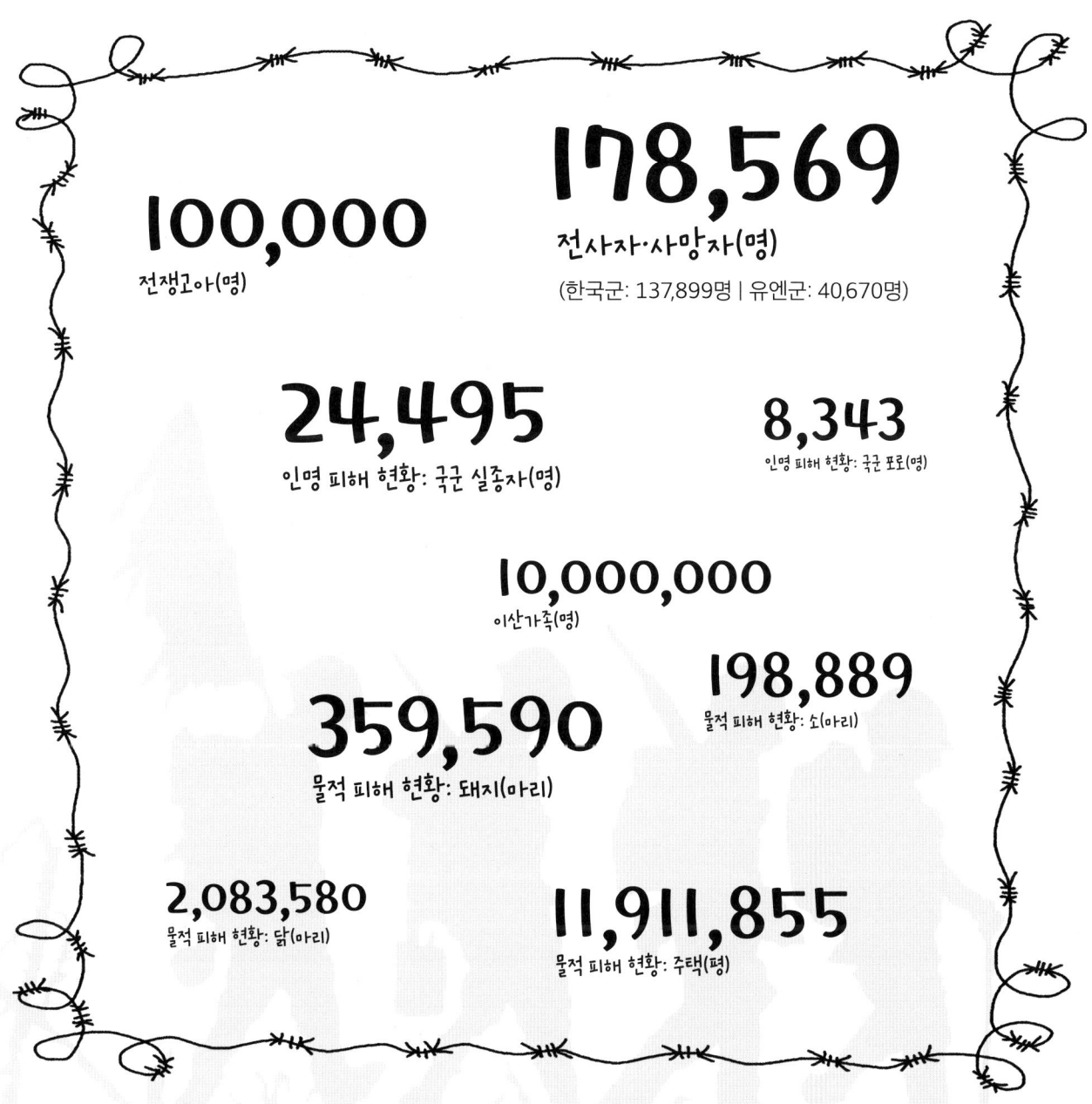

178,569
전사자·사망자(명)
(한국군: 137,899명 | 유엔군: 40,670명)

100,000
전쟁고아(명)

24,495
인명 피해 현황: 국군 실종자(명)

8,343
인명 피해 현황: 국군 포로(명)

10,000,000
이산가족(명)

198,889
물적 피해 현황: 소(마리)

359,590
물적 피해 현황: 돼지(마리)

2,083,580
물적 피해 현황: 닭(마리)

11,911,855
물적 피해 현황: 주택(평)

100칸으로 보는 6·25 전쟁

전쟁은 비극이야.

1. 1945년 8월 15일 광복 / 건국 준비 위원회 발족
2. (그림)
3. 광복의 기쁨
4. 8월 26일 소련군 평양 입성
5. 9월 9일 미군 서울 입성
6. 38도선 분할점령 발표
7. 10월 16일 이승만 귀국
8. 환영

30. 광복 후 첫 동계 올림픽 참가
31. 제 5회 생모리츠 올림픽
32. 4월 3일 제주 4·3 사건 발생 — 제주의 비극
33. (제주의 비극)
34. 4월 19일 김구 남북협상
35. 3.8
36. 5월 10일 5·10 총선거 — 대한민국 최초 선거 실시!
37. 7월 17일 제헌절
38. 대한민국 헌법 공포
39. 7월 29일 하계올림픽 참가 / 제 14회 런던 올림픽
40. 8월 15일
41. 대한민국 정부 수립
42.
43. 9월 9일
44. 조선민주주의 인민공화국 수립 — 결국 두 개의 정부가 생겼네.
45.
46. 10월 19일
47. 여순 10·19 사건 발생
48. 1949년 5월 4일 송악산 전투
49. 육탄10용사 희생했지.
50. 6월 26일 백범 김구 서거
51.
52. 1950년

65. 한강 다리 폭파!
66. 6월 28일
67. 7월 2일 이승만 대통령 부산 피신
68. 더 멀리
69. 7월 4일 북한군 한강선 돌파!
70. 7월 15일 국제연합군 사령부 설치
71. 초대 사령관 맥아더 장군
72. 낙동강 방면선
73. 저기까지 후퇴!
74. 9월 15일 인천 상륙 작전 — 성공
75.
76. 9월 28일 서울 수복
77. 10월 1일 육군 3사단 38도선 돌파
78. 10월 17일
79. 10월 19일 미군 평양 점령
80. 중국군 참전 — 엄청나게 밀려 온다!
81. 10월 25일 중국군 기습공격
82. 11월 25일 후퇴!
83. 11월 27일 장진호 전투
84. 12월 1일 미군이 중국군의 포위를 뚫고 함흥으로 탈출 성공
85. 12.14~12.24 흥남부두 철수작전

난리가 났네!

단원 정리

알다 — 역사 용어

- ☑ **중공군**
  중국 공산군을 줄여 부르는 말.

- ☑ **애치슨 선언**
  미국 국무 장관(외교 장관) 애치슨이 태평양에서 미국이 지킬 지역을 어디까지 정할지를 알린 선언.

- ☑ **상이용사**
  군에서 복무하다가 부상을 입고 제대한 병사.

- ☑ **한국 재건단**
  6·25 전쟁 후 잿더미가 된 한국을 살펴보고 어떻게 도울지 알아보기 위해 파견된 국제기구.

만나다 — 역사 인물

육탄 10용사
온몸을 던져 북한의 기관총 진지를 부수고 송악산을 되찾은 10명의 용사들.

맥아더 장군
태평양 전쟁 때 미군의 총사령관이자, 6·25 전쟁 때 국제연합군의 총사령관.

이우근
포항여중에서 북한군과 전투를 벌이다 목숨을 잃은 중학교 3학년 학도병. 그의 옷에서 어머니에게 남긴 편지가 발견됨.

궁금하다! — 역사 생각

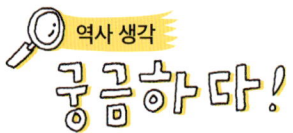

사람들이 피란을 가지 못한 상황에서 한강 다리가 먼저 끊어진 이유는 무엇일까요?
북한군이 한강을 건너는 것을 막기 위해 다리를 폭파했어요. 이 때문에 피란 가지 못한 서울 시민들이 많았어요.

중국군은 왜 북한을 도왔을까요?
중국은 북한이 전쟁에서 패하면 자기 나라가 공격당할 거라고 생각하여 북한을 돕기로 했어요.

맥아더 장군은 왜 인천을 상륙 작전 지역으로 선택했을까요?
인천은 서울과 가장 가까운 바다이고, 중국과도 가까운 곳이에요. 설마 인천으로 들어올까 하는 북한의 마음을 역이용해서 세운 계획이고, 계획은 성공했어요.

 **역사 장소**

인천상륙작전기념관

인천 상륙 작전을 기념하고 역사를 기억하기 위해 인천에 만든 박물관.

전쟁기념관

6·25 전쟁의 모든 이야기를 체험할 수 있는 곳. 6·25 전쟁뿐 아니라 우리나라가 겪은 전쟁에 대해 알 수 있음.

지평의병 지평리전투기념관

유엔군이 중국군에 맞서 처음으로 거둔 승리를 기념하기 위해 양평군 지평리에 만든 기념관.

보다 **역사 유물**

6·25 전쟁 기록물

6·25 전쟁 당시 전투 계획, 명령, 작전 일지 등을 기록한 7,521건의 기록물. 2020년 문화재로 등록됨.

구멍 난 철모

6·25 전쟁에서 죽은 군인이 남긴 유품. 적의 총탄에 맞아 철모에 구멍이 남아 있음.

 확인하기

01 6·25 전쟁의 순서를 바르게 연결해 보세요.
  ㉠ 북한군 남침   ㉡ 인천 상륙 작전   ㉢ 1·4 후퇴   ㉣ 정전 협정

02 육탄 10용사가 목숨을 바쳐 되찾은 곳은 어디인가요?
  ① 백두산   ② 금강산   ③ 설악산   ④ 송악산

03 인천 상륙 작전의 성공을 위해 학도병까지 나서서 지켜야 했던 강은 어디인가요? 남한에서 가장 긴 강으로 대구와 부산을 지나요.
  ① 낙동강   ② 한강   ③ 금강   ④ 영산강

04 다음 중 6·25 전쟁에 대해 올바르게 말한 친구는 누구인가요?
  ① 지아: 전쟁이 일어나기 전에 국군은 무기도 많고 훈련도 잘되어 있었어.
  ② 현서: 인천 상륙 작전으로 국군이 서울을 되찾았어.
  ③ 서준: 북한을 돕기 위해 소련군이 물밀듯 들이닥쳤어.
  ④ 다윤: 6·25 전쟁은 대한민국의 승리로 끝났어.

4장
전 세계가 놀란 대한민국의 경제 발전

세계인들은 우리나라의 경제 발전을 보며 '한강의 기적'이라고 해요.
6·25 전쟁 후에 가장 가난했던 나라가 지금은 세계에서 손꼽히게 발전된 나라가
되었기 때문이에요. 우리나라는 처음에 다른 나라의 도움을 많이 받았어요.
그런데 차츰 광물과 농산물, 수산물을 팔며 경제를 살리기 위해 노력했어요.
해외로 나가 기술을 배웠고, 공장에서 품질 좋고 값비싼 물건을 만들기 시작했어요.

1964년 11월 수출 1억 달러 달성.

1964년 9월 국군, 베트남 전쟁 파병.

1962년 1월 경제 개발 5개년 계획 발표.

1965년 6월 한일 협정 서명.

1970년 4월 새마을 운동 시작.

1970년 7월 경부 고속 도로 개통.

1970년 11월 전태일, 분신하여 숨짐.

고속 도로와 항구, 공항을 만들었고, 농촌에서는 새마을 운동도 펼쳤어요.
온 국민의 노력이 모여 대한민국은 경제 발전의 기적을 이뤄 냈어요.
그러나 눈부신 발전 뒤에 여러 가지 문제가 생겼어요.
우선 노동자들은 일한 만큼의 대가를 받지 못했어요.
빈부 격차가 날로 벌어지고 사람들은 돈만 중요하게 여겼어요.
외국에서 빌린 돈이 문제가 되어 경제 위기를 겪기도 했지요.
자연환경은 훼손되고, 점점 위험한 세상으로 변해 갔지요.
이 모든 것들이 대한민국이 풀어야 할 숙제로 남았어요.

2002년 5~6월 한일 월드컵 개최.

2011년 12월 무역 1조 달러 달성(무역의 날).

1997년 11월 국제 통화 기금(IMF) 경제 체제.

1977년 12월 수출 100억 달러 돌파.

1988년 9~10월 서울 올림픽 개최.

1995년 5월 수출 1,000억 달러 달성.

세상에서 가장 가난한 나라, 대한민국

전쟁이 끝난 대한민국에는 남아 있는 것이 없었어요.
집과 도로는 부서지고 논밭은 거칠어져 못 쓰게 되었어요.
다른 나라의 도움 없이는 전기도 쓸 수 없고 끼니를 잇기도 힘들었어요.
배고픈 사람, 옷이 없는 사람을 위해 미국에서 남는 물자들을 가져다주었어요.
날마다 밀가루와 설탕, 면화를 가득 실은 배들이 들어왔어요.

고아가 된 아이들은 돌아갈 집도 돌봐 줄 사람도 없었어요.
학교에 다니는 것은 꿈도 꿀 수 없는 일이었지요.
이를 불쌍하게 여긴 외국인들이 고아들을 자기 나라로 입양했어요.
이렇게 수만 명이 넘는 고아들이 세계 여러 나라로 입양되었어요.

***면화**: 식물의 한 종류로, 섬유를 뽑을 수 있음.

인천 상륙 작전을 지휘했던 맥아더 장군은 이렇게 말했어요.
"기적이 일어나지 않는 한, 이 나라가 다시 일어서기까지
앞으로 100년은 걸릴 것이다."
우리나라를 둘러본 외국인들도 한국은 발전을 기대할 수 없는
나라라고 한결같이 말했어요.
대한민국은 당시 세계에서 가장 가난한 나라였어요.

> 만약 여러분이 "대한민국은 다시 일어서기까지 100년이 걸릴 것이다."라는 말을
> 직접 들었다면 어떤 생각이 들지 생각해 보세요.

힘을 합쳐 전쟁이 남긴 피해를 극복해요

전쟁 피해는 이루 말할 수 없이 참혹했지만
대한민국 국민들은 포기하지 않았어요.
온 국민이 피해를 극복하기 위해 힘을 합쳤어요.
1950년대는 복구를 위해 모두가 함께 노력하는 시대였어요

먼저 농토를 정비하고 집을 새로 지었어요.
전국 곳곳으로 물자를 나르기 위해 부서진 역을 다시 만들고
포탄으로 곳곳이 파인 도로를 메웠어요.
특히 자동차가 부족해서 군용 트럭으로 물자를 날랐어요.
부족한 벽돌과 건축 자재는 우선 남아 있는
다른 건물들의 것을 뜯어서 사용했어요.
공장이 하나둘씩 세워지며 필요한 물자를 조금씩 생산하기 시작했어요.

무엇보다 학교를 빨리 세웠어요.
'교육이 나라를 살리는 길'이라고 믿었기 때문이에요.
얼마 지나지 않아 천막에서 공부하던 학생들이 학교에서
공부할 수 있게 되었어요. 학생들은 온 힘을 다해 공부했어요.
그래도 부모님과 함께 살면서 학교에 다닐 수 있는 아이들은
운이 좋은 편이었지요.

우리나라는 우선 수출을 해서 돈을 벌기로 했어요.
전구 재료로 쓰이는 텅스텐, 연필 재료인 흑연, 마른오징어, 쌀, 김 등을 수출했어요.
수출품을 실어 나를 차가 모자라 소달구지를 이용하기도 했지요.
무척 어려운 상황이었지만 모두 희망을 품고 열심히 일했어요.

대한민국은 놀라운 속도로 전쟁 피해를 복구했어요.
복구 속도가 빠르기는 북한도 마찬가지였어요.
전 세계는 한국인의 성실함과 용기에 박수를 보냈어요.

✏️ 우리나라 사람들이 힘을 합해 전쟁이 남긴 피해를 극복하는 모습을 찾아 밑줄 그어 보세요.

경제 개발 5개년 계획과 새마을 운동

1962년, 박정희 대통령은 '경제 개발 5개년 계획'을 세웠어요.
'경제 개발 5개년 계획'이란 국가가 5년 단위의
경제 계획을 세우고 감독하는 것이에요.
그러나 우리나라는 경제를 개발하기 위해 충분한 돈이 없었어요.
어쩔 수 없이 많은 국민들이 외국에 나가 돈을 벌어야 했지요.
그 돈으로 교육을 하고 기술을 배우고 상품을 만들었어요.
처음에는 가발, 신발, 옷 등 값싼 물건을 만들다가
곧 라디오, 컬러텔레비전, 자동차도 만들었어요.
물건을 운반하기 위해 고속도로를 만들고
배를 만드는 조선소, 철을 생산하는 제철소도 지었어요.

이제 모두가 살기 좋아졌을까요? 그렇지는 않았어요.
공장이 많은 도시는 점차 발전했지만 농촌의 생활은 점점 더 어려워졌어요.
그래서 농촌을 발전시키기 위해 나라에서 '새마을 운동'을 펼쳤어요.
새마을 운동은 '잘 살아보세'라는 구호 아래 생활 환경의 개선과
지역 사회 개발을 위해 펼쳐진 운동이에요.
먼저 마을에 도로와 다리를 놓고, 함께 사용할 수 있는 농기구도 구매했어요.
초가집은 양철 지붕에 시멘트 집으로 바꾸었고요.
농촌의 생활이 점점 나아지기는 했지만, 기와집 같은 한옥과
마을의 다양한 전통이 사라지는 것은 안타까운 일이었어요.

우리나라 경제는 수출을 하면서 조금씩 발전했고,
도시와 농촌의 생활도 많이 달라졌어요.

'경제 개발 5개년 계획'과 '새마을 운동'에 대해 말해 보세요.

> 논과 밭은 반듯해지고 길은 넓어졌어. 농촌의 모습이 달라졌지.

올림픽과 월드컵으로 대한민국을 알리다

1988년 24회 서울 올림픽 대회가 우리나라에서 열렸어요. 우리나라는 아시아 국가에서는 2번째로, 세계에서는 16번째로 올림픽 대회를 개최한 나라가 되었어요. 서울 올림픽은 서울과 주요 도시에서 열렸어요. 전 세계에서 159개의 나라, 약 8,400명의 선수가 경기에 참여했어요.

2002년에는 한일 월드컵이 열렸어요. 아시아에서 첫 번째로 개최한 월드컵이자,
두 나라가 공동으로 개최한 세계 최초의 국제 스포츠 대회였지요.
우리나라는 전체 4위를 차지하여 역대 가장 좋은 성적을 거두었고,
당시 응원 문화와 시민 의식은 세계의 주목을 받았어요.
또 2018년에는 강원도 평창군에서 동계 올림픽이 열렸어요.
92개 나라가 참가하여 스키, 스케이팅, 봅슬레이 등을 겨뤘어요.
1988년 올림픽 때만 해도 다른 나라 사람들이 대한민국을 잘 몰랐는데,
올림픽이나 월드컵 등 큰 대회와 K-POP, 드라마, 영화 등 한류 문화가
점점 큰 인기를 끌면서 대한민국이 전 세계에 알려졌어요.

서울 올림픽(1988년) 마스코트, 호돌이

평창 동계 패럴림픽(2018년) 마스코트, 반다비

2002년 한일 월드컵 때 응원하는 국민들의 모습.

평창 동계 올림픽(2018년) 마스코트, 수호랑

한강의 기적에서 세계 일류 국가로 발전하다

우리나라 경제는 눈부시게 발전했어요. 1988년 서울 올림픽은
대한민국의 발전을 전 세계에 알릴 수 있는 좋은 기회였어요.
우리나라를 찾은 외국인들은 놀라움에 입을 다물지 못했지요.
전쟁으로 폐허가 되었던 대한민국 서울이
수십 층이 넘는 빌딩으로 가득했으니까요.
거리는 자동차와 형형색색의 옷을 입을 사람들로 넘쳐났어요.
외국인들은 달라진 대한민국의 모습을 '한강의 기적'이라고 했어요.

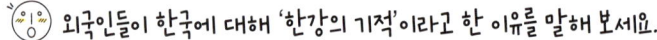
외국인들이 한국에 대해 '한강의 기적'이라고 한 이유를 말해 보세요.

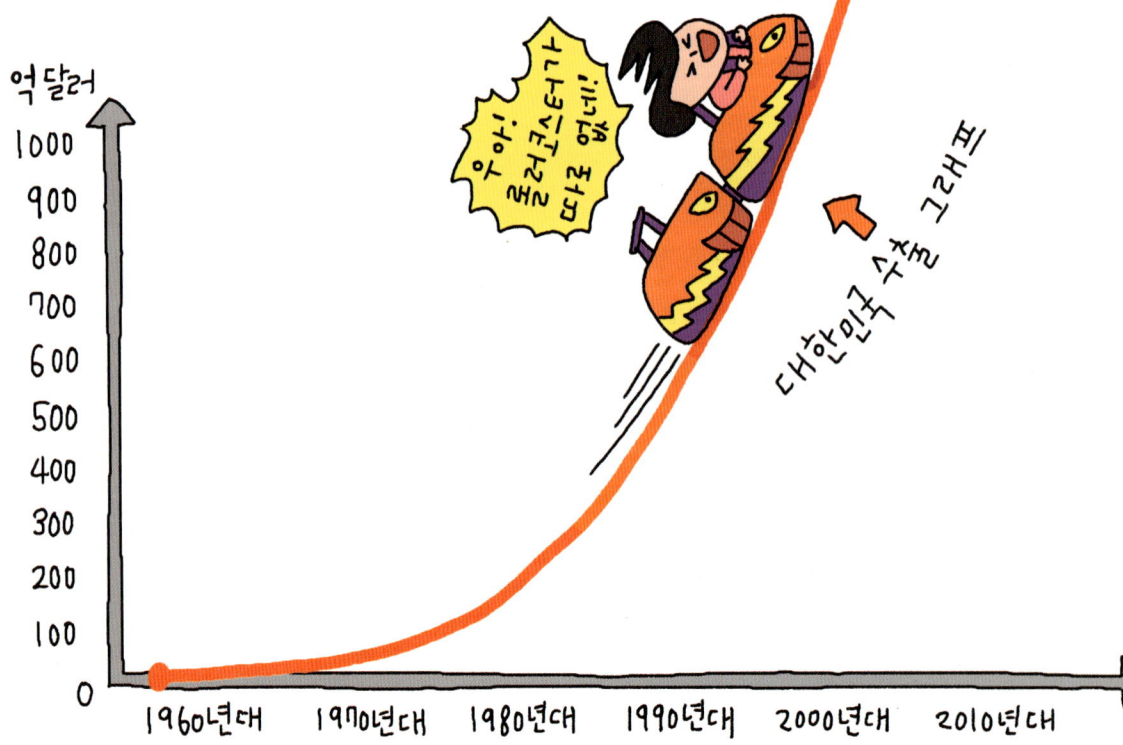

1990년대 이후 우리의 기술은 세계를 놀라게 했어요.
반도체, 가전제품, 휴대 전화, 철강, 자동차, 석유 제품 등
뛰어난 품질의 물건들이 날개 돋친 듯 팔렸어요.
1995년에는 수출 1,000억 달러를 달성했고 곧 세계 10대 무역 국가가 되었어요.
하지만 기쁨은 오래가지 못했어요. 우리 나라 경제가 위기를 맞았어요.
1997년 11월, 국제 통화 기금(IMF)에서 어마어마한 돈을 빌리게 되었어요.

* **국제 통화 기금(IMF)**: 세계 무역 안정을 목적으로 설립한 국제기구. 경제 위기를 겪는 나라에 돈을 빌려주고 경제 정책에 관여함.

국민들의 노력으로 극복한 경제 위기

1997년 동남아시아에서 경제 위기가 발생했어요.
경제 위기는 아시아 전체도, 당연히 우리나라에까지 번졌어요.
외국인들은 급히 우리나라에 투자한 돈을 거두어들이기 시작했어요.
우리는 수출이 잘되고 있었기에 외국인들에게 많은 투자를 받고 있었어요.
그런데 갑자기 돈을 가져가 버리자, 짓고 있던 공장은 멈추었고
빌린 돈을 갚기 위해 물건을 싼값에 팔 수밖에 없었어요.
이것을 외환 위기라고 해요.
회사는 문을 닫고, 회사에 돈을 빌려주었던 은행도 망하고,
은행에 돈을 맡겨 둔 국민들도 돈을 찾을 수 없게 되었어요.
사람들은 일자리를 잃었고 오갈 곳이 없어진 사람들은 노숙자가 되었어요.
외국인들은 헐값에 우리나라 빌딩과 회사를 사 갔어요.
우리나라는 경제 발전 이후 처음으로 심각한 국가 경제 위기를 겪었어요.

* **외환**: 외국 돈이나 채권, 어음 등 외국과 거래할 때 사용할 수 있는 지불 수단 또는 방법.
* **헐값**: 물건의 원래 가격보다 훨씬 싼 가격.

하지만 우리나라는 항상 힘을 모아 위기를 이겨 내곤 했지요.
사람들은 잘 먹지 않던 삼겹살을 이전보다 많이 먹기 시작했대요.
당시에는 삼겹살이 고기 중에서 값이 가장 쌌기 때문이에요.
또한 국민들 사이에서 금을 모아 빌린 돈을 갚자는 운동이 일어났어요.
350만 명의 사람들이 '금 모으기 운동'에 참여해서 약 227톤의 금을 모았어요.
마침내 우리나라는 국제 금융 기구인 IMF로부터 빌린 돈을 모두 갚았어요.
이러한 노력 끝에 우리는 2년 만에 경제 위기를 이겨 내고 다시 발전했어요.
국민들은 힘을 합하면 위기를 극복할 수 있다는 자신감을 얻었고,
전 세계도 한국인의 의지에 박수를 보냈어요.
시대에 맞는 산업을 발달시키고, 위기마다 슬기롭게 극복한 대한민국은
2000년대에는 세계 10대 경제 대국으로 우뚝 섰어요.

*우리나라 산업 구조의 변화
· 1960년대: 경공업(가발, 섬유, 신발 산업)
· 1990년대: 중화학 공업(자동차, 조선, 석유 화학, 철강 산업)
· 2000년대: 전자 산업(반도체, 디스플레이, 정보 통신 산업)

단원 정리

 알다 역사 용어

- **한강의 기적**
  6·25 전쟁 후 대한민국이 이룬 눈부신 경제 발전을 이르는 말.

- **경제 개발 5개년 계획**
  박정희 정부에서 경제 발전을 위해 국가가 5년씩 계획을 세워 실행한 일.

- **새마을 운동**
  도시보다 뒤처진 농촌을 발전시키기 위해 전국적으로 벌인 지역 사회 개발 운동.

- **근로 기준법**
  일과 관련해 회사와 노동자가 지켜야 할 법.

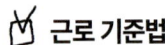 역사 인물 만나다

박정희
20년간 대통령을 지냄. 경제 개발 5개년 계획, 경부 고속 도로 건설, 새마을 운동 등으로 한국의 경제를 빠르게 발전시킴.

전태일
회사가 근로 기준법을 어기며 노동자들을 희생시켰다는 것을 널리 알리기 위해 몸에 스스로 불을 붙여 저항함.

정주영
현대 그룹 초대 회장. 자동차, 배를 만들고 아파트를 지음.

이병철
삼성 그룹의 초대 회장. 전자 제품, 반도체, 옷을 만듦.

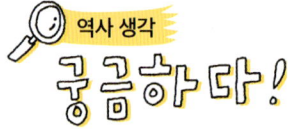 역사 생각 궁금하다!

외국인들이 한국이 발전하지 못할 거라고 생각한 이유는 무엇일까요?
6·25 전쟁으로 공장, 철도, 도로 등 모든 것이 파괴되어 아무것도 없는 한국이 다른 나라와 경쟁하지 못할 거라고 생각했기 때문이에요.

과거 기업들이 근로 기준법을 지키지 않은 이유는 무엇인가요?
근로 기준법대로 노동자를 위한 복지 제도, 안전시설 등을 만들려면 돈이 많이 들기 때문이에요. 물건을 많이 만들어 팔아서 이익을 많이 남기기 위해 노동자를 희생시켰어요.

한국인의 삼겹살 소비가 증가한 때는 언제인가요?
1997년 국제 통화 기금(IMF) 체제 이후부터 삼겹살 소비가 증가했어요. 당시 경제가 어려워서 사람들이 보다 값싼 삼겹살을 즐겨 먹었기 때문이에요. 이후 삼겹살은 대한민국의 대표 음식으로 자리 잡았고, 현재는 외국인들에게도 인기가 좋아요.

 **가다** 역사 장소

 **보다** 역사 유물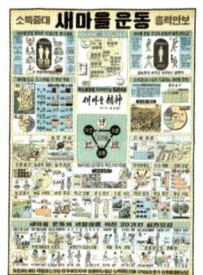

한국경제발전전시관
대한민국의 경제 발전을 영상과 그래픽으로 체험할 수 있는 전시관. 서울 청량리동에 위치함.

전태일 동상과 기념관
근로 기준법을 지키라며 몸에 불을 질렀던 청계천 평화 시장 앞에 전태일 동상과 전태일 다리가 있음. 근처에 전태일기념관도 있음.

새마을운동발상지기념관
새마을 운동의 역사 전시관. 경상북도 청도와 포항에 위치함.

새마을 운동 포스터
새마을 운동 홍보를 위해 제작된 포스터.

새마을 운동 기록물
대통령 연설문, 마을 기록, 사진, 영상 등 약 22,000건의 기록물이 있으며 유네스코 세계 기록 유산으로 지정됨.

서울 올림픽 기념주화
우리의 발전을 세계에 널리 알린 1988년 서울 올림픽을 기념하기 위해 만든 기념 동전.

 **확인하기**

01 6·25 전쟁이 끝난 후 우리나라의 상황을 돌아보고 다음과 같이 말한 사람은 누구일까요? (　　　　)

> "기적이 일어나지 않는 한, 이 나라가 다시 일어서기까지 앞으로 100년은 걸릴 것이다."

전쟁 직후의 한국

02 대한민국의 경제 발전에 대한 설명 중 옳지 않은 것을 고르세요.

① 전쟁을 딛고 세계적인 경제 발전을 이룬 것을 '한강의 기적'이라고 해요.
② 박정희 정부는 경제 개발 5개년 계획을 세워 경제를 발전시켰어요.
③ 우리나라는 경제 위기를 단 한 번도 겪지 않고 지금까지 발전해 왔어요.
④ 우리나라 경제는 수출 중심의 경제예요.

03 우리나라에서 개최된 대회가 아닌 것을 골라 보세요.

① 1988년 제24회 서울 올림픽　　② 2002년 한일 월드컵
③ 2014년 소치 동계 올림픽　　　④ 2018년 평창 동계 올림픽

5장
국민이 대한민국의 주인이다!

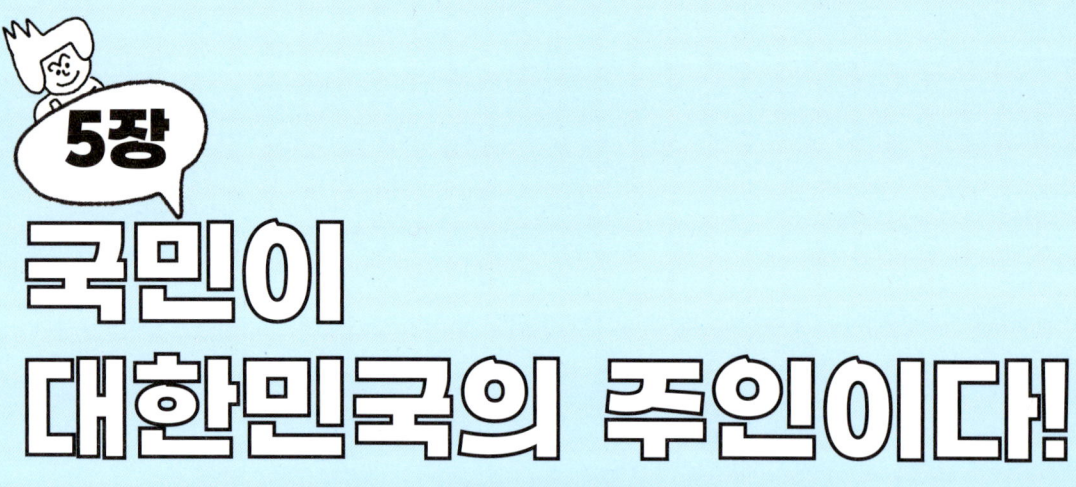

기호 1번, 기호 2번, 기호 3번…… 우리는 선거로 다양한 대표들을 뽑아요.
학급 반장, 전교 회장, 시장, 군수, 도지사, 지방 의원, 국회 의원, 대통령은 모두 선거로 뽑은
우리들의 대표예요. 시민이 나라의 대표가 되고 법에 따라 권력을 바르게 쓰는 것을
민주주의라고 해요. 그런데 대표로 뽑혔다고 으스대고
모두를 위한 일을 자기 마음대로 결정하면 어떻게 될까요?
불행히도 우리 역사에는 대통령이 법을 어기고 자기 욕심만 채운 시대가 많았어요.
심지어는 힘을 가진 군인이 권력을 차지하고 대통령이 되기도 했죠.
그때마다 시민들은 잘못을 바로잡기 위해 거리로 나가 목소리를 냈어요.
사람들은 자신들이 바라는 바를 외치다가 잡혀가고 목숨을 잃기도 했지만,
민주주의를 지키기 위한 노력을 멈추지 않았어요.
대한민국의 주인이 국민임을 깨우쳐 준 민주화 운동을 만나러 가 볼까요?

1960년 5월
박정희, 5·16 군사 정변을 일으킴.

1960년 4월
· 김주열 학생의 시신이 발견됨.
· 4·19 혁명이 일어남.
· 이승만 대통령, 하야함.

1960년 3월
· 3·15 부정 선거.
· 마산에서 시위가 일어남.

1963년 12월
박정희, 제5대 대통령에 취임함.

1972년 12월
유신 헌법이 공포됨.

1979년 10월
박정희 대통령 암살 사건이 일어남.

2017년 3월
헌법 재판소,
박근혜 대통령을 파면함.

2016년 12월
국회,
박근혜 대통령을 탄핵함.

1987년 6월
· 6월 민주 항쟁이 일어남.
· 노태우, 대통령 직선제를 수용하는 6·29 선언을 발표함.

1979년 12월
· 전두환, 군사 반란을 일으킴(12·12 사태).

1980년 5월
5·18 민주화 운동이 일어남.

1987년 1월
박종철 고문치사 사건이 일어남.

이승만 대통령이 12년 만에 물러나다

1960년 3월 15일, 네번째 대통령 선거를 앞두고 있었어요.
초대 대통령 이승만은 이미 두 번이나 헌법을 마음대로 고쳐
대통령을 12년째 하고 있었어요.
독재 정권을 반대하는 시민들은 다음 대통령 선거에서
꼭 다른 후보를 찍겠다고 마음먹었어요.
그러나 이승만 정부는 사과는커녕 투표함을 바꾸고
득표수를 거짓으로 발표하는 등 부정 선거를 저질렀어요.
이 사실을 알게 된 시민들이 부정 선거에 항의하는 시위를 했어요.
그런데 경찰은 오히려 시민들에게 최루탄과 총을 쏘았고
김주열 학생이 최루탄에 맞아 목숨을 잃었어요.
김주열 학생의 죽음에 분노한 전국의 학생들과 시민들이
"이승만 하야 독재 정권 타도"를 외치며 거리로 나왔어요.

* **독재**: 특정 개인이나 집단이 모든 권력을 차지하여 모든 일을 마음대로 처리함.
* **하야**: 관직이나 정계에서 물러남을 이르는 말.
* **타도**: 어떤 대상이나 세력을 쳐서 쓰러뜨림.

1960년 4월 19일의 일이에요.
이승만 정부는 총칼을 앞세워
시민들을 공격했어요. 많은 학생들과
시민들이 다치고 죽었어요. 죽은 이들 중에는
초등학생도 있었어요. 그래도 민주주의를 지키기 위해
거리로 나가는 사람들은 점점 늘어만 갔어요.
결국 시민들의 저항을 견디지 못한 이승만 대통령이
대통령 자리에서 물러났어요.

전국의 학생들과 시민들은 왜 거리로 나가 "독재 정권 타도"를 외쳤을까요?

16년 동안 같은 대통령이 통치했어요

시민들의 힘으로 이루어 낸 4·19 혁명으로 민주주의는 지켜지는 듯했어요.
윤보선 대통령이 당선되고 장면 총리가 정부를 이끌었어요.
하지만 그것도 잠시뿐이었어요. 이듬해 박정희 장군이 다른 군인들과
힘으로 권력을 차지하는 군사 정변을 일으켰어요.
그들은 대통령과 국회 의원을 내쫓고
'국가 재건 최고 회의'라는 것을 만들어 나랏일을 마음대로 처리했어요.
이때부터 우리나라는 군인이 다스리는 나라가 되었어요.
박정희는 16년 동안 다섯 번이나 대통령을 지내며
이승만 대통령보다 더 오래 권력을 누렸어요.
1972년에는 유신 헌법을 만들어 대통령을 계속할 수 있게 했어요.
민주주의를 위협하는 가장 큰 적은 독재예요.
독재자는 권력을 자신의 힘을 키우는 데만 쓰기 때문이에요.
이에 사람들이 독재에 맞서기 시작했어요.

먼저 1979년 부산에서 박정희 유신 독재 반대를 위한 시위가 일어났어요.
시위는 마산으로 확대되었어요. 이를 '부마 민주 항쟁'이라고 해요.
박정희 정권은 이승만 정권 때와 마찬가지로 총칼로 시민들을 위협했어요.
하지만 시민들은 4·19 혁명 때처럼 쉽게 물러서지 않았어요.
그러던 중 10월 26일, 박정희 대통령이 부하인 김재규에게 암살당하면서
독재 정권의 막이 내렸어요.

* **군사 정변**: 군인들이 힘을 내세워 법에 어긋나는 방법으로 권력을 차지하는 일.

* **유신**: 낡은 제도를 고쳐 새롭게 함. 그러나 당시 유신 헌법에는 민주주의와 거리가 먼 내용들이 많았음.

정부도 회사 편만 들며 여공들의 어려움을 모르는 척했어요.

평화 시장 재단사였던 전태일은 쫓겨나고 죽어 가는 어린 여공들을 보며 마음이 아팠어요.

전태일은 회사 사장과 경찰을 만나 따졌지만, 바뀌는 것은 아무것도 없었어요.

전태일은 이 같은 사실을 세상에 알리기 위해 마지막 선택을 했어요. 평화 시장 한복판에서 몸에 불을 붙이고 세상을 향해 외쳤어요.

전태일의 죽음은 여공뿐 아니라 노동자들의 권리를 지키기 위한 소중한 약속이 되었고, 그의 뒤를 이어 많은 사람들이 함께 노력했어요.

전태일기념관과 평화 시장

전태일이 일했던 평화 시장은 지금도 많은 사람들로 북적여요.
평화 시장 입구에 있는 청계천 버들 다리는 '전태일 다리'라고 불려요.
전태일은 이곳에서 온몸에 불을 붙이고 "근로 기준법을 지켜라." 하고 외쳤어요.
전태일은 세상을 떠났지만 그를 그리워하는 사람들이 전태일의 모습을
동상으로 만들었어요. 동상 주변 바닥에는 전태일의 뜻을
이어가겠다는 다짐을 적은 돌판들로 가득해요.
평화 시장에서 청계천을 따라 30분 정도 걸어가면 전태일기념관이 나와요.
전태일기념관에 가면 전태일의 어린 시절 이야기를 만날 수 있어요.
가족과 헤어져서 서울에서 살고, 잃어버린 동생을
우연히 찾았던 이야기도 들을 수 있어요.
동생 같은 여공들에게 붕어빵을 나눠 주는 따뜻한 모습도 있어요.
모든 노동자가 정당한 대우를 받는 사회,
전태일이 꿈꾸었던 세상을 느낄 수 있어요.

* **근로 기준법**: 일과 관련해 회사와 노동자가 지켜야 할 법.

전태일처럼 다른 사람의 권리를 지키기 위해
자기 자신을 희생한 인물을 찾아 말해 봅시다.

전태일 동상

전태일기념관

전태일기념관
기념관 외부에는 전태일이 근로 감독관에게 쓴 진정서가 새겨져 있어요.

전태일과 동료들이 허리조차 펴지 못하고 일했던 작고 열악한 작업장을 전시물로 볼 수 있어요.

전태일기념관(내부)
전태일의 정신을 전하여 시민들이 노동의 가치와 의미를 이해할 수 있게 해요.

평화 시장의 비참한 실태와 전태일에 관한 영상과 사진을 볼 수 있어요.

서울 동대문 평화 시장

서울 평화 시장
전태일이 어린 시절부터 일하던 곳이자, "근로 기준법을 준수하라."라는 말을 남기고 죽음을 택한 곳. 서울 동대문 근처에 있는 평화 시장은 약 60년의 역사를 자랑하는 의류 도매 시장이에요.

민주주의의 횃불, 5·18 민주화 운동

박정희 대통령의 유신 독재가 끝나자 시민들은 민주주의에 희망을 가졌어요.
1980년은 마치 긴 겨울이 끝나고 봄이 온 것 같았어요. 사람들은 이때를
'서울의 봄'이라고 불렀어요. 하지만 봄은 오래가지 못했어요.
또 다른 독재자가 나타났기 때문이에요. 국군보안사령관이었던
전두환 장군이 총칼을 앞세워 권력을 차지했어요.
사람들은 새로운 군인이 나타났다며 이들을 '신군부'라고 불렀어요.
시민들은 독재를 막고, 민주주의를 지키기 위해 신군부에 맞서 싸웠어요.
신군부는 국회 의원뿐 아니라 시민, 학생 대표도 잡아 가두었어요.
그리고 시위가 가장 거세게 일어난 광주에는 군대를 보냈어요.
신군부에 맞서면 어떻게 되는지 본때를 보여 주려던 것이지요.
총을 든 군인이 광주에 나타나자 광주 시민들은 똘똘 뭉쳐 맞섰어요.
하지만 전차와 헬리콥터, 기관총을 가진 군인을 당해 낼 수 없었어요.

박정희 대통령이 죽은 뒤 새로 나타난 군인의 이름과 그 세력을 가리키는 말을 찾아 밑줄 그어 보세요.

수천 명이 넘는 사람들이 민주주의를 지키려다 다치고 목숨을 잃었어요. 광주 시민들은 세상에 이 사실을 알려서 도움을 받고 싶었지만 그럴 수 없었어요. 신군부가 도로를 막고 전화선을 끊어 광주에서 일어나는 모든 일을 숨기려 했거든요. 하지만 세상에 영원한 비밀은 없나 봐요. 외국인 기자와 용감한 시민들에 의해 광주에서 일어나는 민주화 운동이 우리나라뿐 아니라 전 세계까지 널리 알려졌어요. 1980년 5월 18일 앞뒤로 일어난 이 사건을 '5·18 민주화 운동'이라고 해요.

5·18 민주화 운동이 어디에서, 어떻게 시작되었는지 말해 보세요.

대통령은 우리 손으로 뽑을 거예요

광주를 무참히 짓밟고 권력을 잡은 전두환은 자신이 임명한 사람들을
모아 놓고 대통령 선거를 했어요. 이를 '간접 선거'라고 해요.
간접 선거를 하는 한 전두환 대통령이 계속 대통령이 될 수밖에 없었어요.
사람들은 1987년 대통령 선거를 앞두고
자신들이 직접 대통령을 뽑는 '직접 선거'를 요구했어요.
하지만 전두환 대통령은 직접 선거를 받아들이지 않았어요.
오히려 직접 선거를 주장하는 사람들을 잡아 가두고 고문했어요.
박종철 학생이 물고문으로 목숨을 잃고, 이한열 학생이
최루탄에 맞아 쓰러졌어요. 6월 10일, 분노한 시민들이 다시 거리로 나섰어요.
수백만 명이 거리를 메우고 대통령 직접 선거를 주장하며
"독재는 물러가라." 하고 외쳤어요. 대학교수, 예술가, 작가는 물론
종교계의 신부님, 목사님, 스님들도 거리로 나갔어요.
위기에 몰린 전두환 정권은 결국 직접 선거를 받아들였어요.
시민들이 승리한 이 사건을 6월 민주 항쟁이라고 해요.
그때부터 지금까지 국민들이 직접 대통령을 뽑고 있답니다.

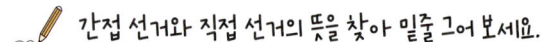
간접 선거와 직접 선거의 뜻을 찾아 밑줄 그어 보세요.

6월 민주 항쟁에서 사람들이 외친 구호를 보면 그 당시 정부의 횡포를 알 수 있어.

한열이의 죽음을 헛되이 하지 말자!

우리 종철이 두 번 죽이지 마라!

직선 개헌 쟁취하자

고문 없는 세상에서 살고 싶다!

민주 정부 수립하자!

최루탄 쏘지 마

이런 노력 끝에 오늘날 우리가 투표의 권리를 되찾은 거야.

아빠! 몇 번 찍을 거예요?

쉿! 비밀 투표야.

← 대학생

기표소

촛불을 든 위대한 시민들

1987년 6월 민주 항쟁 이후 30여 년간 시민들은 민주주의를 발전시켰어요.
대한민국은 세계에서도 손꼽히는 민주주의 국가로 거듭났어요.
이 땅의 자유와 민주주의는 누군가 전해준 선물이 아니었어요.
4·19 혁명, 부마 민주 항쟁, 5·18 민주화 운동, 6월 민주 항쟁 등
시민들이 목숨을 바쳐 독재 정권과 싸워서 얻은 결과이지요.
그런데 2016년에 믿기 힘든 일이 또 벌어졌어요.
박근혜 대통령과 가까운 사이였던 주변 사람들이
법을 어기고 국가 운영을 쥐락펴락하며 권력을 이용해
자기 욕심을 채웠던 사실이 밝혀졌어요.
분노한 시민들은 또다시 거리로 나갔고 광화문 광장에 모였어요.
30년 전과 다른 점이라면 손에 촛불을 들고 평화롭게 주장을 펼쳤다는 점이에요.

경찰도 질서를 지키며 시민들을 안전하게 보호했어요.
국회 의원은 법에 따라 대통령을 탄핵했고,
헌법 재판소는 제 역할을 하지 못한 대통령을 파면했어요.
민주주의 국가에서는 대통령도 법을 어기면 처벌받는다는
원칙을 시민들의 힘으로 또다시 지켜 냈어요.

***탄핵**: 대통령 등 고위 공무원이 잘못했을 때 법에 따라 심판하는 제도.
***파면**: 잘못을 저지른 사람에게 직무나 직업을 그만두게 함.

🗣 박근혜 대통령이 파면당한 이유를 찾아서 말해 보세요.

단원 정리

알다 — 역사 용어

- **민주화 운동**
  민주주의를 지키기 위해 노력하고 행동하는 일.

- **독재 정권**
  법이 아니라 권력자 한 사람의 뜻에 따라 운영되는 정권.

- **유신 헌법**
  국회와 법원의 힘을 약하게 하고 대통령의 힘을 강하게 만든 헌법.

- **신군부**
  전두환, 노태우 장군이 속한 '하나회'라는 조직이 중심이 된 군인들.

- **탄핵**
  대통령, 국무총리, 판사 등 고위 공무원이 잘못했을 때 법에 따라 심판하고 처벌하는 제도.

보다 — 역사 관련 영화

민주화 운동을 다룬 영화를 어른과 함께 보면서 민주주의를 위해 목숨을 바쳐 싸운 시민들의 용기를 엿볼 수 있음.

4·19 혁명 「효자동 이발사」
평범하게 살고 있던 효자동의 이발사가 대통령의 전속 이발사가 되면서 겪게 되는 이야기. 8·15 광복 이후 우리나라가 거치게 되는 역사를 이해할 수 있음.

5·18 민주화 운동 「택시운전사」
독일인 기자 위르겐 힌츠페터가 택시 운전사 김사복과 함께 우리나라의 5·18 민주화 운동을 세계에 알리게 된 이야기. 5·18 민주화 운동 때의 역사를 알아볼 수 있음.

6월 민주 항쟁 「1987」
22세 대학생 박종철 군이 경찰 조사에서 고문을 받다가 사망하자, 그 사건을 숨기려는 세력과 목숨을 걸고 진실을 알리려는 사람들의 이야기. 이 사건으로 일어난 1987년 6월 항쟁의 역사를 알아볼 수 있음.

역사 생각 — 궁금하다!

이승만 대통령은 왜 대통령을 계속하려고 했을까요?
이승만 대통령은 마치 왕처럼 죽을 때까지 대통령이 되고 싶었어요. 대한민국은 자신이 세운 나라이기에 끝까지 자신이 맡아야 한다고 여겼어요. 하지만 욕심이 지나쳐 법을 어겼고 결국 국민들의 저항으로 쫓겨났어요.

전두환은 왜 광주에 군대를 보냈을까요?
두 가지 이유가 있었어요. 첫째는 광주가 다른 도시들보다 민주화 운동이 거셌기 때문이에요. 둘째는 전두환이 눈엣가시로 여겼던 김대중 전 대통령의 고향이기 때문이에요. 그래서 신군부는 광주를 본보기 삼아 민주화 운동을 짓밟았어요.

가 다 역사 장소

5·18 민주화운동기록관
5·18 민주화 운동의 모든 것을 수집하고 연구하고 전시함. 5·18 민주화 운동 기록이 유네스코 세계 기록 유산에 등재됨.

국립4·19 민주묘지
4·19 혁명으로 목숨을 잃은 시민들이 잠들어 있는 국립묘지. 기념관도 있어 4·19 혁명의 배경과 역사적 의의를 알 수 있음.

민주인권기념관
박종철 학생이 고문으로 목숨을 잃은 장소인 남영동 대공분실을 민주화와 인권을 배우고 체험하는 곳으로 바꾸고 있음.

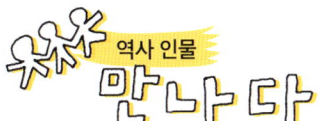
만나다 역사 인물

김주열
마산상고 1학년 학생. 1960년 3·15 부정 선거에 항의하다가 경찰이 쏜 최루탄이 눈에 박혀 숨을 거둠.

이한열
연세대학교 학생. 1987년 경찰이 쏜 최루탄에 맞아 목숨을 잃음.

박종철
서울대학교 학생. 1987년 경찰의 물고문으로 목숨을 잃음.

확인하기

01 역사적 사건과 관계 있는 인물을 올바르게 연결해 보세요.

ㄱ 박종철 ●   ① 4·19 혁명

ㄴ 김주열 ●   ② 5·18 민주화 운동

ㄷ 시민군 ●   ③ 6월 민주 항쟁

02 4·19 혁명에 대해 올바르게 말한 친구는 누구인가요?

① 지음: 4·19 혁명으로 이승만 대통령이 자리에서 물러났어.
② 우찬: 서울대학교에 다니던 박종철 학생이 물고문으로 목숨을 잃었어.
③ 꽃잎: 신군부가 민주화 운동을 짓밟기 위해 광주에 군대를 보냈어.
④ 인선: 유신 독재 반대를 외치며 부산과 마산 시민들이 시위를 벌였어.

03 대한민국의 민주화 운동을 시간 순서대로 적은 표입니다. 빈칸을 채워 보세요.

1960.4.19	1979.10.16	1980.5.18	1987.6.10
4·19 혁명	부마 민주 항쟁		6월 민주 항쟁

6장
통일은 정말 이루어질까요?

"우리의 소원은 통일, 꿈에도 소원은 통일, 이 정성 다해서 통일, 통일을 이루자."
이 노래를 들어 본 적 있나요? 「우리의 소원」이라는 노래예요.
북한에서는 이 노래의 제목이 「우리의 소원은 통일」이랍니다.
원래 가사는 "우리의 소원은 독립"이었는데,
남북이 갈라지면서 "우리의 소원은 통일"로 바뀌었대요.

1968년 1월
김신조 일당 청와대 습격 사건.

1971년 8월
실미도 사건.

1985년 9월
첫 남북 이산가족 상봉.

1983년 6월
KBS 특별 생방송
「이산가족을 찾습니다」
첫 방송.

1972년 7월
7·4 남북 공동 성명 발표.

1991년 9월
남북한이 유엔에 동시 가입함.

1991년 12월
남북 기본 합의서 체결.

2000년 6월
· 첫 남북 정상 회담(김대중-김정일).
· 6·15 남북 공동 선언 발표.

남과 북은 70년 넘게 분단된 상태로 살고 있어요.
게다가 6·25 전쟁 이후 북한은 핵무기를 만들고 남한을 공격하는 등 둘 사이는
좋아지지 않았어요. 그러나 같은 민족이 언제까지 원수처럼 살 수는 없지요.
우리 역사를 봐도 통일을 이룰 때 나라가 발전하고 민족이 행복했으니까요.
우리는 지구에 단 하나 남은 분단국가예요.
남북이 서로 만나 교류하고 나아가 통일을 이룬다면 한반도 최고의 시대를 열 수 있을 거예요.
통일은 저절로 이루어지는 것이 아니라 모두의 노력으로 이루어가는 것이라는 점, 잊지 마세요.

2007년 10월
· 두 번째 남북 정상 회담(노무현-김정일).
· 10·4 남북 정상 선언 발표.

2018년 4월
세 번째 남북 정상 회담
(문재인-김정은).

2018년 9월
평양 공동 선언 발표.

분단의 상징, 비무장지대(DMZ)

70년의 휴전으로 비무장지대(DMZ)라는 특별한 공간이 생겼어요. 남북한이 마주 보고 휴전선을 기준으로 각각 2km씩 떨어져 있기로 하면서 폭 4km, 길이 248km의 거대한 공간이 생겼어요. 70년간 사람의 손길이 닿지 않다 보니 이곳은 동식물의 낙원이 되었어요. 재두루미, 독수리, 저어새, 산양, 고라니, 멧돼지, 황쏘가리, 열목어 등이 가득한 생태 보전 구역이에요. 그런데 비무장지대 곳곳에는 여전히 많은 지뢰가 묻혀 있다고 해요. 그래서 육군의 수색대만 정해진 길로 다닐 수 있어요. 남북이 가까워질 때마다 비무장지대를 평화공원으로 만들려는 노력을 더 기울였어요. 비무장지대는 세계적인 생태 보전 지역이자, 전쟁의 역사가 깃든 곳이니까요. 인천 옹진에서 강원도 고성까지 비무장지대와 관련된 11개 도시는 누리길, 평화길 등을 만들었어요. 북한을 볼 수 있는 전망대와 생태 전시관, DMZ박물관, 평화마을 등도 앞다투어 조성했어요. 세계도 마지막 분단의 상징이 된 비무장지대의 변화를 주목하고 있어요. 이곳은 인간의 유산과 자연의 유산이 어우러진 우리나라의 첫 번째 복합 세계 유산이 될 특별한 곳이니까요.

✏️ 비무장지대에 있는 동식물을 아끼고 보호할 수 있는 방법에는 무엇이 있을까요?

38선 마을

지뢰

철원 평화 전망대 앞 겨울 철새

비무장지대 안보 견학

DMZ 아트페스타

DMZ 생태평화공원

고성 비무장지대 박물관

청와대 습격 사건과 실미도 사건

6·25 전쟁이 끝나고 대한민국과 북한은 서로를 적으로 대했어요.
그러던 중 북한에서 특별 훈련을 한 무장간첩을 남쪽에 보냈어요.
임무는 대한민국 대통령을 암살하는 것이었어요.
1968년 1월, 김신조 등 무장간첩 31명은
얼어붙은 임진강을 건너 산을 타고 하루 만에 서울에 도착했어요.
우리나라 국군의 옷을 입고 있는 데다가 워낙 빠르고 비밀리에 움직여서
청와대 뒤편 세검정 고개에 도착할 때까지 전혀 알지 못했어요.
그런데 다행히 자하문을 지키던 경찰이 이들을 수상히 여겨 검문을 했어요.
정체가 드러난 무장간첩은 총을 쏘고 수류탄을 던졌어요.
이때가 마침 퇴근 시간이라 지나던 시민들이 죽고 다쳤어요.
출동한 군인과 경찰에 의해 무장간첩은 소탕되었어요.
단 1명만 살아서 북한으로 도망쳤어요.

* **무장간첩**: 전투에 필요한 장비를 갖춘 간첩.
* **소탕**: 휩쓸어 없애 버림.

분노한 국군은 특수 부대를 만들어 북한에 보낼 '오소리 작전'을 펼쳤어요.
특수 부대원들은 인천에 있는 실미도라는 섬에서 3년간 엄청난
훈련을 받으며 북한에 갈 날만을 손꼽아 기다렸어요.
그런데 남북 간 평화 분위기가 무르익자, 정부에서는 특수 부대가
평화에 방해가 될까 봐 그들을 모른 척했어요.
화가 난 특수 부대원들은 감시병을 죽인 뒤, 버스를 훔쳐 서울로 향했어요.
결국 특수 부대원은 북한에 가지도 못한 채 자신들을 만든 국군,
경찰과 싸우다가 대부분 죽고 말았어요.
남과 북의 분단으로 빚어진 또 하나의 비극이에요.
이때 일을 '실미도 사건'이라고 해요.

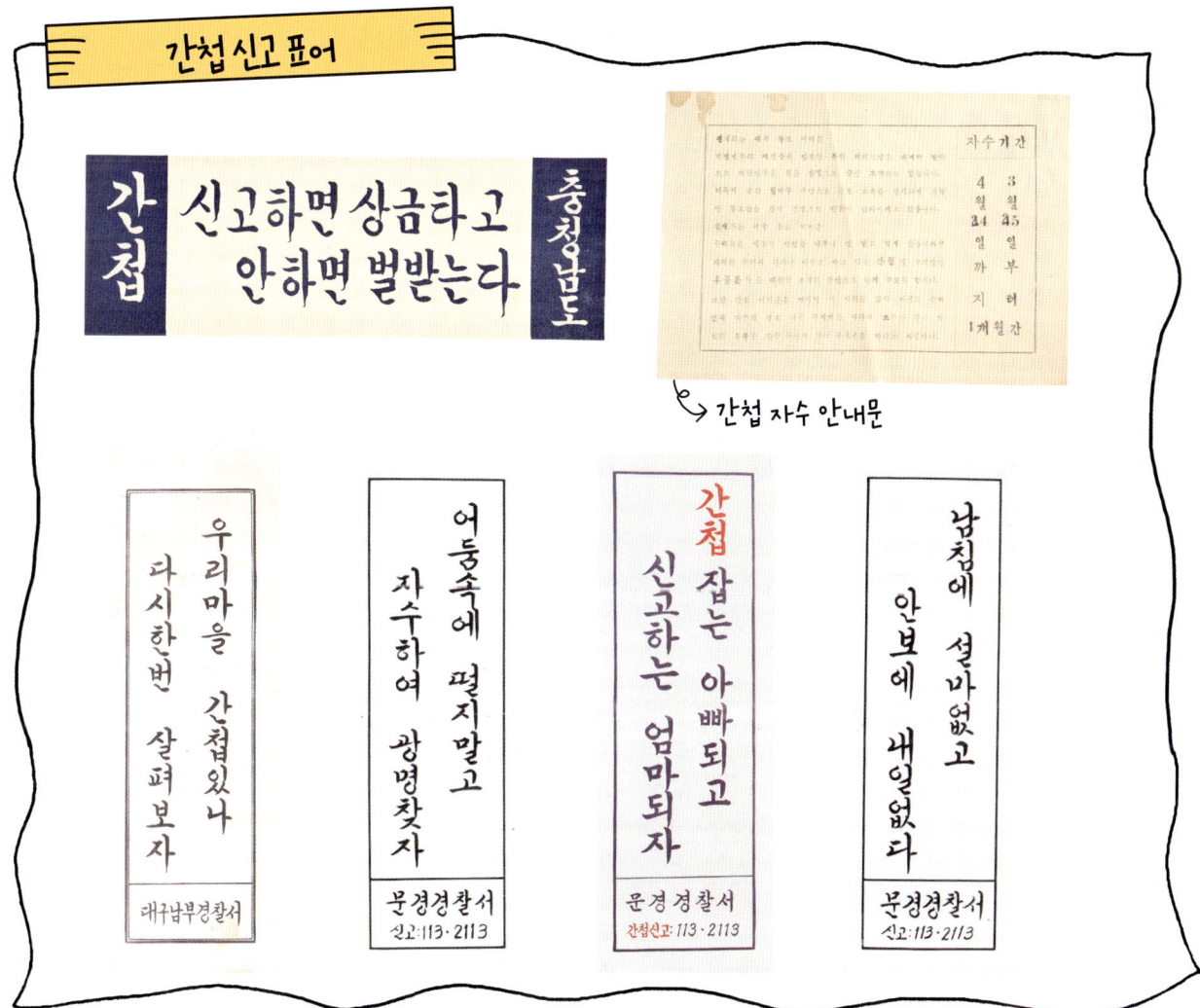

간첩 신고 표어

간첩 자수 안내문

처음으로 맞잡은 손, 7·4 남북 공동 성명

분단된 우리 민족은 서로를 공격하지 말고 관계가 좋아지기를 바랐어요.
청와대 습격 사건, 오소리 작전이 성공했다면 결국 전쟁을 의미하니까요.
남과 북은 비밀리에 만나 갈등을 풀기 위해 꾸준히 노력했어요.
마침 미국과 중국도 서로 만나고 화해하는 때라 세계적으로 분위기도 좋았어요.
1년 넘게 비밀 만남을 이어 가며 통일을 위해 어떤 노력을 해야 할지 의견을 모았어요.
1972년 7월 4일, 마침내 서울과 평양에서 역사적인 합의문이 발표되었어요.
7·4 남북 공동 성명서에는 통일을 위한 3가지 원칙이 있었어요.

자주: 외세의 간섭 없이 남북의 힘만으로 통일을 이루자.
평화: 전쟁이나 힘이 아닌 평화로운 방법으로 통일을 이루자.
민족 대단결: 서로의 차이를 넘어 한민족의 이름으로 통일을 이루자.

7·4 남북 공동 성명은 남북이
6·25 전쟁 이후 20여 년 만에 처음으로
맞잡은 손과 같았어요.

🔍 남과 북이 6·25 전쟁 후 20년 만에
통일을 위해 발표한 역사적인 합의문의
이름을 찾아보세요.

평화를 위한 남북 정상 회담

7·4 남북 공동 성명으로 남북 간의 화해가 이루어졌지만
갈등의 씨앗은 여전히 남아 있었어요.
그 후, 판문점 도끼 사건(1976년), 버마(현 미얀마) 암살 테러 사건(1983년),
KAL기 폭파 사건(1987년) 등이 일어나며 남북 사이가 더 멀어졌어요.
게다가 북한은 핵무기를 만든다고 발표해 국제 사회를 긴장하게 했어요.
남한은 이런 상황을 그대로 보고만 있을 수 없었어요.
한반도의 진정한 평화를 위해서라도 남북 정상이 만나
해묵은 갈등과 여러 문제를 풀어야 했어요.

오랜 노력 끝에 2000년 6월 13일,
역사상 처음으로 남북 정상 회담이 열렸어요.
김대중 대통령과 김정일 국무위원장이 만났지요.
뒤이어 2007년에는 노무현 대통령과 김정일 위원장이 만나는
두 번째 남북 정상 회담이 열렸어요.
남북은 화해 분위기로 무르익었어요.
금강산과 개성 관광이 이루어져 남에서 북으로 여행했고,
특히 개성에는 남북 합작 기업이 생겨 함께 일을 했어요.
그러나 2008년 북한군은 금강산 해안가를 거닐던 관광객에게
총을 쏘았어요. 이 사건으로 남북 사이가 다시 멀어졌어요.
그사이 북한에서는 김정일이 죽고 김정은이 지도자가 되었어요.

2018년 세 번째 남북 정상 회담이 열렸어요.
곧이어 미국과 북한 간 최초로 북미 정상 회담도 열렸어요.
2019년에는 문재인 대통령, 트럼프 대통령, 김정은 국무위원장이 함께 모여
최초의 남북미 정상 회담이 열렸어요.
사람들은 평화로운 한반도를 기대했어요.
하지만 회담은 실패로 끝이 났고, 북한은 다시 핵무기와 대륙간 탄도 미사일을
개발했어요. 남북 관계는 또다시 힘든 길을 걷게 되었어요.

이처럼 한반도의 평화는 쉽게 찾아오지 않았어요.
그러나 결코 포기할 수 없는 일이에요.
우리는 역사를 통해 전쟁의 비극과 참혹함을 경험했기 때문이에요.
진정한 평화를 위한 노력이 계속된다면
언젠가는 그 결실을 맺을 수 있지 않을까요?

3번의 남북 정상 회담을 차례대로 말해 보세요.

2018년
문재인-김정은, 남북 정상 회담

2007년
노무현-김정일, 남북 정상 회담

2000년
김대중-김정일, 남북 정상 회담

 전 세계를 울린 남북 이산가족의 만남

1983년 6월 30일 밤 10시 15분, 집집마다 불이 켜지고
모두 텔레비전 앞에 앉았어요. 곧 방송할 KBS 특별 생방송,
「이산가족을 찾습니다」를 보기 위해서였어요.
혹시나 잃어버린 내 가족이 텔레비전에 나올까 숨죽여 방송을 보았어요.
30년 만에 다시 만난 부모와 자녀, 형제, 자매의 이야기가 나올 때마다
모두 자기 가족의 일처럼 눈물을 흘렸어요.
방송국으로 가족을 찾아 달라는 전화가 6만 통 넘게 오고
텔레비전에 출연하겠다는 사람도 10만 명이 넘었어요.
KBS는 이산가족이 한 명이라도 더 가족을 만나야 한다며 계속
방송을 이어갔어요. 이렇게 시작된 「이산가족을 찾습니다」는 무려
138일 동안 계속되어 세계에서 가장 긴 생방송이 되었어요.
이 방송으로 1만 명이 넘는 사람이 가족을 만났고, 전 세계가 감동했어요.
이산가족 만남을 위한 방송은 세계 기록 유산이 되어 역사에 남게 되었어요.

이산가족이 서로를 찾으려고 써 붙인 벽보

통일이 되면 무엇이 좋아질까요?

남과 북은 사이가 좋을 때 이산가족 찾기나 이산가족 상봉 행사를
자주 열었어요. 또 금강산과 개성 여행도 할 수 있었고요.
남북 역사학자, 고고학자들의 만월대(고려 궁궐) 발굴도 갔지요.
올림픽에 남북 단일팀이 참가해 승리를 거두기도 했어요.
남북 지도자가 함께 백두산에 오르기도 했어요. 그러나 북한은
사이가 나빠지면 간첩을 보내고 미사일을 쏘며 위협을 했어요.

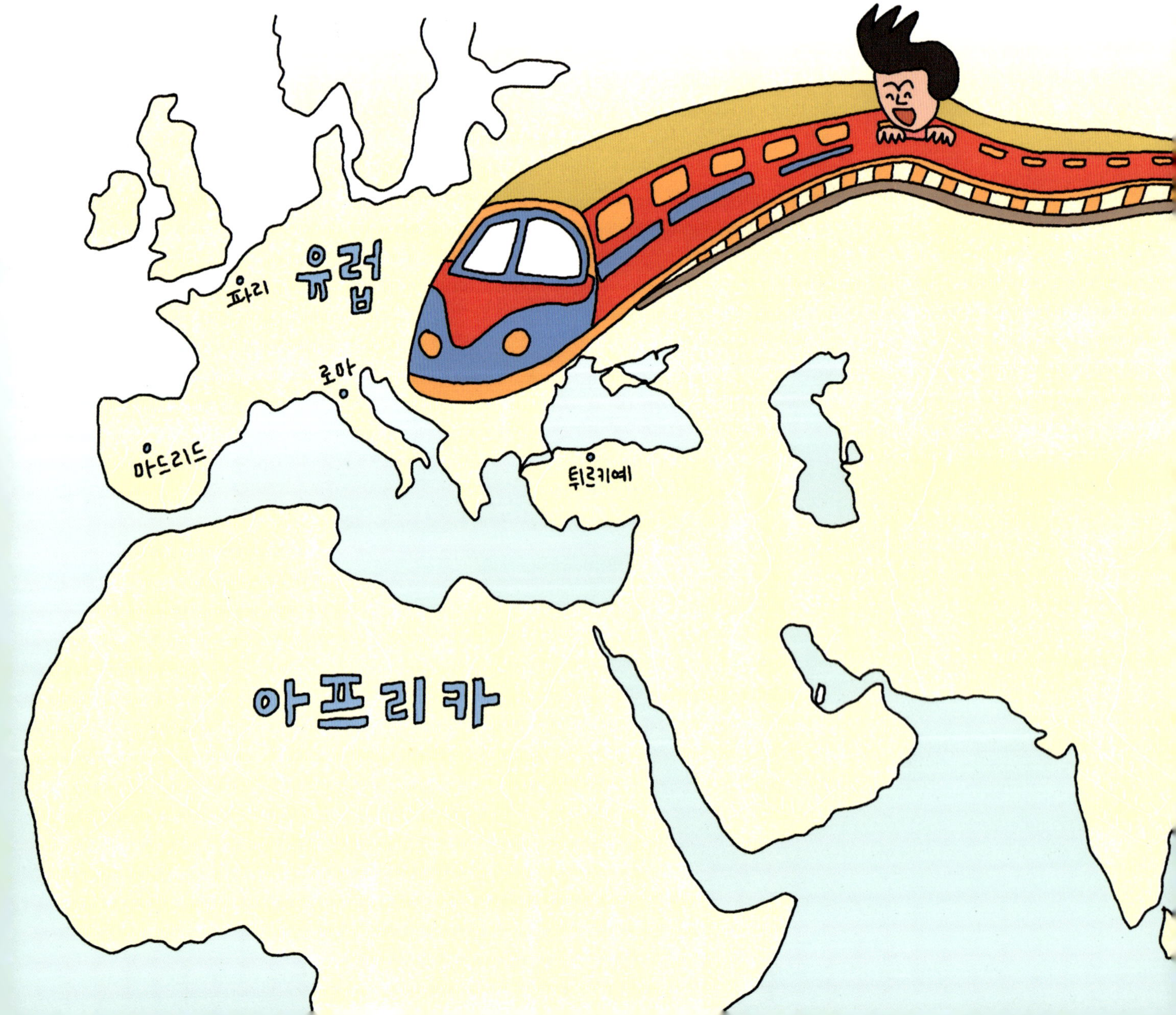

우리는 서로 대화하고 만나면 평화롭게 살 수 있다는 것을 알고 있어요.
통일이 되면 더 이상 서로를 미워하지 않아도 되고,
서로에게 무서운 무기를 겨누지 않아도 돼요.
통일이 되면 마음껏 여행도 떠날 수 있어요.
평양에 가서 고구려의 역사도 만날 수 있어요. 통일이 되면
북한의 지하자원과 대한민국의 기술이 만나 한반도를 부유하게 할 수 있어요.
대한민국의 반도체와 북한의 항공 기술을 합쳐 우주 시대를 열 수도 있고요.
남북이 힘을 합한다면 세계가 부러워하는 선진국이 될 수 있어요.
통일된 한반도의 멋진 미래를 기대합니다.

여러분이 생각하는 통일에 관해 자유롭게 말해 보세요.
통일이 되면 어떤 점이 좋고, 어떤 점이 불편할까요?

단원 정리

알다 — 역사 용어

무장간첩
총과 폭탄 등 무기를 지닌 간첩.
간첩이란 대한민국의 정보를 염탐하기 위해 북한에서 보낸 사람.

7·4 남북 공동 성명
남북한이 분단 이후 처음으로 통일을 위한 방법을 합의하고 그 내용을 같이 발표한 사건.

이산가족
6·25 전쟁으로 피란길에 가족을 잃어버린 사람.

남북 단일팀
올림픽, 아시안 게임 등 국제 스포츠 대회에 참가하기 위해 남북한 선수가 한 팀을 이룸.

만나다 — 역사 인물

김대중
대한민국의 제15대 대통령. 2000년 6월 북한 김정일 국방위원장과 함께 6·15 남북 공동 선언을 발표함. 노벨 평화상을 수상함.

노무현
대한민국의 제16대 대통령. 2007년 10월 김정일 국방위원장과 함께 '남북 관계 발전 및 평화 번영을 위한 선언(10·4 선언)'을 발표함.

문재인
대한민국의 제19대 대통령. 2018년 4월 북한의 김정은 국무위원장과 함께 '한반도의 평화와 번영, 통일을 위한 판문점 선언'을 공동 발표함.

김정일
김일성의 아들, 1994년부터 2011년까지 17년간 북한을 다스림.

김정은
김정일의 아들, 2011년부터 현재까지 북한을 통치하고 있음.

역사 생각 — 궁금하다!

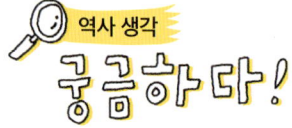

북한은 왜 대한민국의 대통령을 암살하려 했나요?
1960년대 말은 세계적으로 공산주의와 자본주의의 경쟁과 대결이 심했어요. 남북의 대결도 마찬가지였어요. 북한은 끊임없이 대한민국을 혼란에 빠뜨릴 계획을 세웠어요. 처음에는 서울의 주요지를 공격하려다가 대통령이 있는 청와대를 습격했다고 해요.

6·25 전쟁 이후 이산가족은 왜 특별 생방송 전까지 헤어진 가족을 찾지 못했을까요?
지금은 인터넷이나 휴대 전화 등 사람을 찾을 수 있는 방법이 다양하지만, 당시에는 찾고 싶어도 방법이 거의 없었어요.

가다 역사 장소

통일교육원
통일 관련 교육과 프로그램을 운영하는 국가 기관. 북한 책이나 교과서도 볼 수 있음.

제2땅굴
북한이 남침을 위해 판 땅굴. 1975년 국군이 발견함. 지금은 안보 관광지가 됨.

판문점
유엔에서 관리하는 곳으로 남북 정상 회담이 열린 곳. 신청하면 견학이 가능함.

보다 역사 유물

KBS 특별 생방송 기록물
이산가족을 찾기 위해 오랜 기간 생방송으로 진행한 방송 기록과 가족들의 사진 등이 세계 기록 유산에 등재됨.

남북 정상 회담 기념 북한 우표
김대중 대통령의 평양 방문과 남북 정상 회담 개최 기념으로 북한에서 제작한 소형 우표 시트.

 확인하기

01 다음은 본문 내용 중 일부예요. 초성을 보고 단어를 완성해 보세요.

> 통일이 되면 북한의 ①(ㅈㅎㅈㅇ)과 대한민국의 ②(ㄱㅅ)이 만나 한반도가 부유해져요.
> 대한민국의 반도체와 북한의 항공 기술을 합쳐 ③(ㅇㅈ) 시대를 열 수도 있고요.
> 남북이 힘을 합한다면 세계가 부러워하는 ④(ㅅㄱㄱ)이 될 수 있어요.

02 7·4 남북 공동 성명서의 통일을 위한 3가지 원칙을 적어 보세요.

> ① (   ): 외세의 간섭 없이 남북의 힘만으로 통일을 이루자.
> ② (   ): 전쟁이나 힘이 아닌 평화로운 방법으로 통일을 이루자.
> ③ (   ): 서로의 차이를 넘어 한민족의 이름으로 통일을 이루자.

03 다음 중 통일을 위한 노력이 아닌 것은 무엇인가요?

① 청와대 습격 사건   ② 7·4 남북 공동 성명   ③ 남북 정상 회담   ④ 남북 단일팀

정답 01 ①지하자원 ②기술 ③우주 ④신기록 02 자주, 평화, 민족 대단결 03 ①

7장
교과서보다 친절한 문화, 문화재 이야기

파란만장한 현대사의 순간순간이 서려 있는 현대의 문화유산을 알아보기로 해요.
현대사의 가장 중요한 3가지인 민주주의 발전, 경제 성장, 통일을 위한 노력을
세계 기록 유산으로 만나요.

1963년
4·19 묘지 완공.

1965년
군 묘지에서 국립묘지로 승격
(2006년 국립서울현충원으로 명칭 변경).

1985년
전 국립묘지 준공
(1996년 국립대전현충원으로 명칭 변경).

2010년
청와대 사랑채 개관.

1997년
5·18 묘지 완공.

1994년
전쟁기념관 개관.

2011년
· 5·18 민주화 운동 기록물,
  세계 기록 유산에 등재됨.
· DMZ 접경 지역에 평화 누리길 조성 시작.

2013년
· 경교장 복원 개관.
· 새마을 운동 기록물,
  세계 기록 유산에 등재됨.

2015년
방송 「이산가족을 찾습니다」의 기록물,
세계 기록 유산에 등재됨.

김구가 최후를 맞이한 경교장, 6·25 전쟁을 일깨워 주는 전쟁기념관과 전국의 전쟁 유적지들, 분단의 상징인 비무장지대(DMZ), 전태일기념관과 평화 시장, 민주주의의 성지인 4·19 민주 묘역과 국립5·18민주묘지, 새마을운동기념공원, 현충원, 국토발전전시관까지 현대사를 만날 수 있는 전국의 문화유산과 기념관을 찾아가 볼까요?

2017년
국토발전전시관 개관.

2019년
전태일기념관 개관.

2021년
구미 새마을운동테마공원전시관 개관.

그림으로 보는 6·25 전쟁

6·25 전쟁 때 우리나라 국군과 유엔군이 벌인 전투와 당시 모습을 볼 수 있는 그림 작품이 있어요. 그림을 보면 누군가에겐 하나밖에 없는 아들이고, 누군가에겐 소중한 아버지이자 남편인 수많은 군인들이 나라를 지키기 위해 용감하게 싸우고 있어요. 그림을 보면서 목숨을 바쳐 싸운 분들께 감사함을 느껴 보아요.

다부동 전투 지역의 현재 모습.

다부동 전투(그림 최낙경)

1950년 8월, 낙동강을 지키기 위해 국군과 미군이 함께 대구의 다부동 근처에서 북한군을 공격하여 북한이 대구에 진출하는 것을 막아 낸 전투.

도솔산 전투 지역의 현재 모습.

도솔산 전투(그림 안재후)

1951년 6월, 우리나라 해병은 치열한 전투 끝에 북한이 점령하던 강원도 양구의 도솔산을 탈환했어요. 이승만 대통령이 이 전투에서 용감하게 싸운 국군 해병 부대에 '무적해병'이라는 휘호를 줬어요.

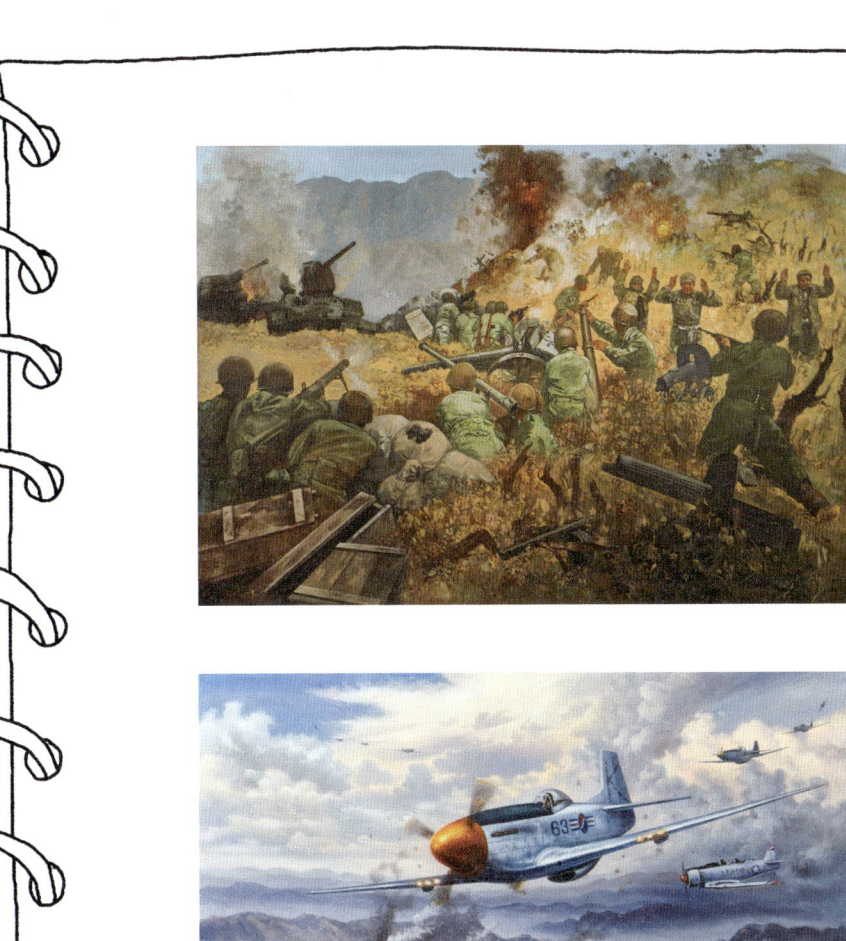

수도고지 인근에서 전투가 치러졌던 백마고지 전적지에서 바라본 현재 모습.

수도고지와 지형능선 전투 (그림 안재후)

1952년 7월부터 10월 14일까지 강원도 철원의 수도고지와 지형능선에서 우리 국군이 북한군과 맞서 싸운 전투. 군사 분계선을 결정하는 협상의 주도권을 갖기 위해 중요한 전투였어요.

351고지 전투 작전 지원비가 있는 통일동산.

351고지 공군 지원 작전 (그림 박영식)

우리나라 공군이 강원도 고성 남쪽 351고지를 지키던 육군을 돕기 위해 1952년 10월부터 휴전할 때까지 하늘에서 지원한 작전.

부산 국제 시장의 현재 모습.

부산 국제 시장 (그림 김홍년)

1945년 광복 후, 일본인들이 남기고 간 물건이나 다른 나라에서 가져온 물건을 사고팔았던 곳. 6·25 전쟁 이후에는 미군 부대에서 나온 물건까지 사고파는 시장이 되었어요.

한국의 현대사를 상징하는 세계 기록 유산 3개

① 1980년 인권기록유산, 5·18 민주화 운동 기록물(2011년 등재)

5·18 당시 시민, 기자, 군인이 남긴 문서, 사진, 영상 기록과 가해자들의 재판 기록, 피해자들의 보상에 관한 모든 자료예요. 국가기록원, 육군본부, 국회도서관, 5·18 기념재단 등에 보관되어 있어요. '진상 조사', '가해자 처벌', '명예 회복', '보상', '기념 사업'이라는 5가지 주요 원칙은 인권 침해 해결에 대한 세계적인 모범 기준이 되었어요.

② 새마을 운동 기록물(2013년 등재)

새마을 운동(1970~1979년)과 관련한 약 2만 2천여 건의 자료예요. 대통령의 연설문과 결재 문서, 행정부처의 새마을 사업 공문, 마을 단위의 사업 서류, 새마을 지도자들의 성공 사례 원고와 편지, 시민들의 편지, 새마을 교재, 관련 사진과 영상 등이 있어요. 새마을 운동 기록물은 농촌 개발과 빈곤 퇴치의 세계적인 모범 사례로 손꼽히는 기록 유산이에요.

③ KBS 특별 생방송 「이산가족을 찾습니다」(2015년 등재)

1983년 6월 30일부터 11월 14일까지 세계에서 가장 긴 생방송(138일, 453시간 45분)이 방송되었어요. 프로그램 제목은 「이산가족을 찾습니다」예요. 이때 생긴 2만 522건의 기록물(비디오 녹화 원본 테이프 463개, 담당 프로듀서 업무 수첩, 이산가족이 직접 작성한 신청서, 일일 방송 진행표, 큐시트, 기념 음반, 사진 등)이 세계 기록 유산으로 지정되었어요. KBS 방송국과 국가기록원에 보관되어 있어요.

***큐시트**: 방송이 진행되는 진행표.

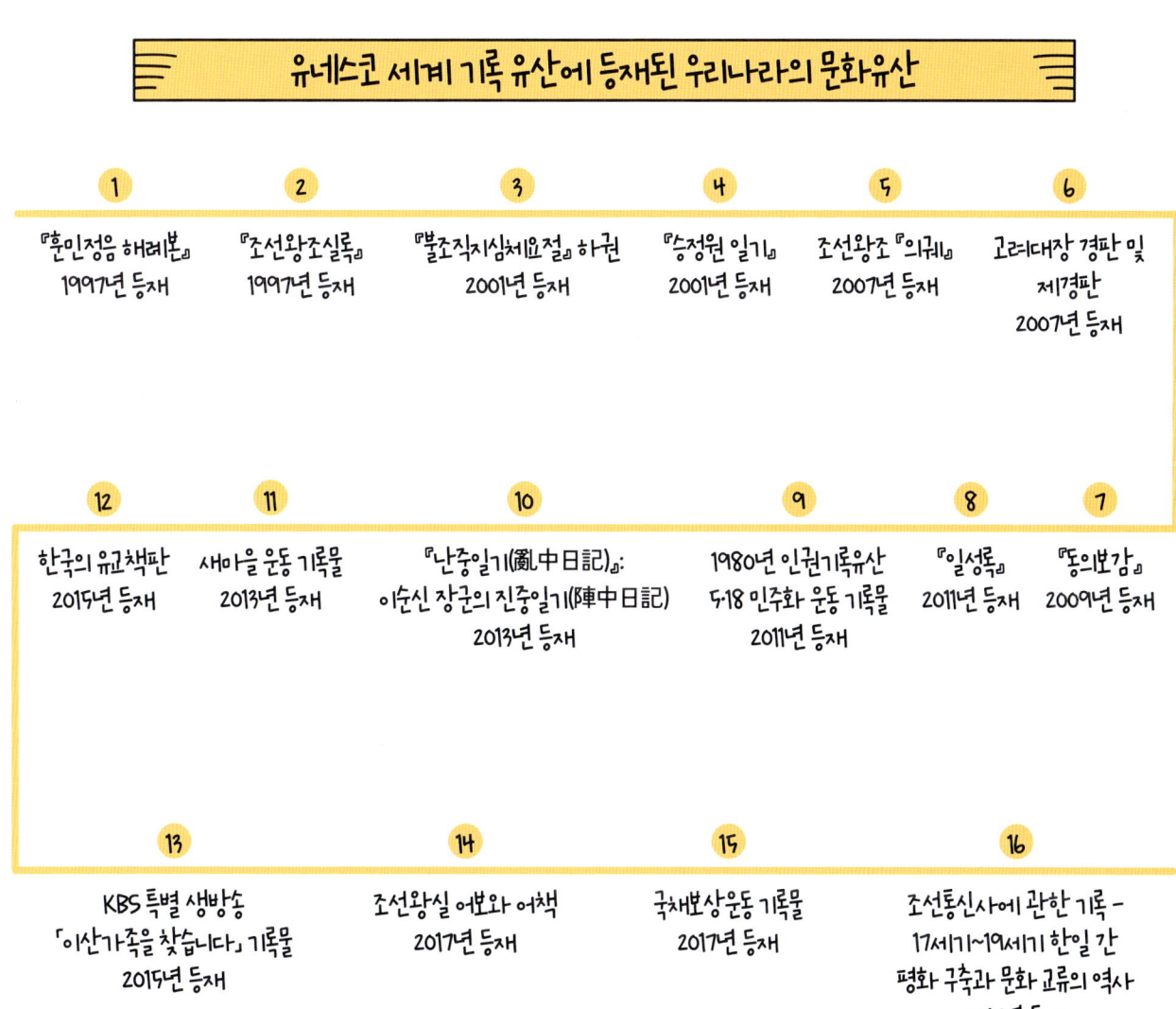

애국선열의 영혼이 잠든 곳, 효창공원

효창공원(서울시 용산구)의 원래 이름은 효창원이었어요.
정조의 첫째 아들 문효 세자와 그의 어머니인 의빈 성씨의 묘지,
그리고 순조의 후궁 숙의 박씨와 그의 딸 영온 옹주의 묘지가 이곳에 있었어요.
그런데 1894년 청일 전쟁 발발 직전 일본군 부대가 불법으로 주둔하면서
훼손되었어요. 일제는 1921년 문효 세자의 묘 주변에 골프 코스를 만들었고,
그 후에는 독립군을 토벌하기 위한 비밀 작전지로 사용했어요.
게다가 왕실의 묘를 모두 서삼릉으로 강제 이장까지 했답니다.
본래의 역사성과 가치가 사라진 거예요. 광복 이후에 비로소 효창공원은
애국선열의 숭고한 정신이 깃든 곳으로 의미를 찾기 시작했습니다.
효창공원에는 김구의 무덤이 있고, 부인 최준례 여사도 이곳에 합장했어요.
김구의 일생과 업적을 기린 백범김구기념관도 있답니다.
대한민국 임시 정부 요인(이동녕, 조성환, 차리석)과
윤봉길, 이봉창, 백정기 의사의 묘역도 있어요.

＊**애국선열**: 나라를 위해 싸우다가 죽은 사람.

서울 효창공원

안중근 의사 가묘

삼의사묘(이봉창, 윤봉길, 백정기)

이봉창 의사 동상

원효대사 동상

윤봉길 의사 묘

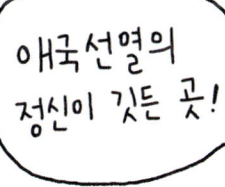 

애국선열의 정신이 깃든 곳!

전국에 있는 6·25 전쟁 유적으로

6·25 전쟁의 상처는 대한민국 구석구석에 없는 곳이 없어요.
강원도 철원 백마고지, 양구 가칠봉, 경기도 양평 지평리, 오산 죽미령,
경상북도 칠곡 다부동, 경상남도 창녕 박진나루…….
치열한 전투가 벌어진 곳에는 전적지와 기념관이 생겼어요.
학도병들이 죽음으로 지킨 포항 탑산에는 학도의용군전승기념관이 지어졌어요.
임시 수도였던 부산에는 임시수도기념관, 유엔평화기념관,
재한유엔기념공원이 있어요. 재한유엔기념공원 안에는 유엔 기념 묘지가 있어요.
부산을 대표하는 관광 명소가 된 감천문화마을은
원래 6·25 전쟁 때 생긴 피란 마을이에요.
전쟁은 죄 없는 사람들의 목숨을 앗아 가지요. 영동 노근리평화공원,
거창 거창사건추모공원, 산청함양사건추모공원 등은 그들의 넋을 기리는 곳이에요.
용산 전쟁기념관에 가면 6·25 전쟁의 시작과 끝을 만날 수 있어요.
6·25 전쟁뿐 아니라, 우리 역사 속 전쟁 이야기도 들을 수 있어요.

* **전적지**: 전쟁의 흔적이 남아 있는 곳.

임시수도기념관(부산광역시 서구)

유엔평화기념관(부산광역시 남구)

칠곡 호국 공원

우리가 전쟁을 기억해야 다시는 전쟁을 일으키지 않을 거야.

부산 감천문화마을

예쁜 마을이라고만 생각했는데, 힘든 역사를 거쳐 만들어진 곳이구나.

양산 도솔산 전투지

철원 백마고지위령비와 기념관

현충원, 나라를 위해 목숨 바친 사람들

현충원은 나라를 위해 목숨 바친 사람들이 묻혀 있는 묘역이에요.
독립운동가와 6·25 전쟁 유공자를 비롯해, 전사 또는 순직한 군인,
군무원, 소방관, 경찰 등이 이곳에 있어요.
현충원은 원래 서울에 있었는데, 공간이 비좁아서 대전에 더 만들었어요.
서울에는 5만 명 이상, 대전에는 13만 명 이상의 순국선열이 있어요.
서울 현충원에는 호국전시관을 비롯해 학도의용군, 독립군,
임시 정부 요인 등의 묘역이 있어요.

＊**유공자**: 공로가 있는 사람.
＊**순국선열**: 나라를 위하여 목숨을 바친 윗대의 열사.

국립대전현충원 보훈둘레길

국립대전현충원

대한독립군 무명용사 사령탑

독립운동가인 스코필드 박사, 6·25 전쟁에 참전한 화교인
장후이린, 웨이쉬팡 등 외국인의 묘역도 있어요.
대전 현충원에는 최규하 대통령을 비롯해 독립운동가의 묘역이 있어요.
천안함 장병, 제2연평해전 순국 장병, 연평도 포격 순국 장병도
이곳에서 만날 수 있어요. 현충원은 순국선열의 발자취를 따라
역사를 느끼고 참배하기에 좋은 곳이에요.

*화교: 외국에서 사는 중국 사람.
*참배: 죽은 사람을 기리는 기념비 앞에서 추모의 뜻을 나타내는 행위.

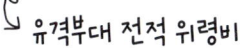
유격부대 전적 위령비

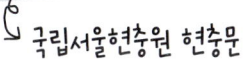
국립서울현충원 현충문

재일학도의용군 전몰용사 위령비

민주주의를 위해 목숨 바친 사람들을 기리는 곳

국립4·19민주묘지(서울시 강북구)에는 4·19 혁명 때
목숨을 잃은 시민들의 무덤이 있어요.
4개의 묘역에 502명의 귀한 목숨이 잠들어 있어요.
그중에는 초등학생도 있어요.
민주주의를 지키기 위한 노력은 아이 어른이 따로 없었어요.
그곳에는 4·19 혁명의 역사를 알 수 있는 기념관이 있어요.
4·19 혁명을 소재로 쓴 시를 새긴 시비들과
혁명을 추모하고 기념하는 조형물도 볼 수 있어요.

＊**시비**: 시를 새긴 비석.

국립4·19민주묘지

광주 국립5·18민주묘지에는 931명의 5·18 민주화 운동의 희생자들이 묻혀 있어요.
빈 무덤도 천 기가 넘어요. 행방불명되어 아직 찾지 못한 사람들을 기다리는 무덤이에요.
국립5·18민주묘지에는 5·18추모관, 어린이체험학습관 등이 있어
우리나라의 민주주의를 지키기 위해 애쓴 사람들의 생생한 역사를 알 수 있어요.
희생자들의 넋을 기리고 그리워하는 마음을 담은 조형물도
곳곳에서 볼 수 있답니다.

***기**: 무덤, 비석, 탑 따위를 세는 단위.

***행방불명**: 간 곳이나 방향을 모름.

근대 역사는 사진 기록이 있어서 다행이야.

5·18 민주화 운동 기록관

대한민국의 발전을 만나는 곳

대한민국의 발전은 세계에서도 아주 특별하게 여기는 일이에요.
식민지와 전쟁을 겪고도 세계 10대 무역 대국으로 성장했기 때문이에요.
한류의 대유행, 세계 각국 영화제 수상, BTS의 세계 각종 차트 1위는
대한민국이 문화 분야에서도 세계적인 위상이
크게 높아졌음을 보여 주는 일이에요.
기적과도 같은 우리 역사를 한눈에 볼 수 있는 곳이 있어요.
서울 정동길에 있는 국토발전전시관이에요.
전쟁으로 모든 것이 파괴된 땅을 오늘날 화려한 도시로
탄생시킨 땀과 노력을 느낄 수 있어요.
서울 동대문구에 있는 한국경제발전전시관에서는
10대 무역 대국이 된 한국의 경제 발전을 영상과 그래픽으로 체험할 수 있고요.
서울 종로에 있는 청와대 사랑채와 한류스타홍보전시관은
세계로 나아가는 우리 문화의 힘을 느낄 수 있는 곳이에요.
서울 광화문에 있는 대한민국역사박물관은 이 모든 것을
종합적으로 보여 주는 대표적인 장소랍니다.

여러분은 언제 대한민국이 자랑스럽게 느껴지는지 말해 보세요.

국토발전전시관

대한민국역사박물관

청와대 사랑채

긴 역사를 알고 보니까, 현재의 대한민국이 더욱 자랑스럽구나!

다양한 분야의 역사가 보이네.

글로벌지식협력단지 경제발전관

 # 대한민국의 역사를 만드는 사람들

『참 쉬운 뚝딱 한국사』 1권~6권에 나오는 역사 인물들이 한자리에 모였어요.
선사 시대부터 지금까지 역사적 사건과 인물들을 떠올려 보세요.
이 책을 읽은 어린이 여러분은 우리나라의 미래를 만들어 가는 주인공이에요.
세계 속에서 빛나는 대한민국이 될 수 있도록 함께 노력하기로 해요.

😮 『참 쉬운 뚝딱 한국사』 1권~ 6권에 나오는 역사 인물들이에요. 누구인지 말해 보세요.

✏️ 우리나라의 미래를 이끌어 갈 여러분의 모습을 빈 자리에 함께 그려 보세요.

이 책에 실린 사진들

이 책에 실린 사진들은 저작권자의 허락을 받았으며, 사진들의 일부는 비용을 지불하고 사용을 허락받았습니다.
아울러 공공누리 저작물의 이용 조건에 맞게 수록하였습니다.
이 책의 사진들을 고르는 데 여러 가지로 조언해 주신 국립경주문화재연구소 임주희 선생님과
사진을 실을 수 있도록 허가해 주신 여러 기관과 담당자분들께 감사를 드립니다.

010	『조선말 큰사전』-국립중앙박물관	073	흥남 철수시 미국 해군 수송선에 타려고 기다리고 있는 피란민들, 현봉학의 군 복무 때 모습-현봉학박사 기념 사업회
014	일본 항복 문서-제주4·3평화기념관	074	서울을 다시 찾은 상황을 체험하는 곳-전쟁기념관
	일본의 항복 문서 서명-미국 국립문서기록관리청(111-SC-210629)	075	파로호-한국관광공사
019	바둑이와 철수(1948), 성인교육용 한글 첫걸음(1950)-국립한글박물관	077	노무원들이 진 지게-전쟁기념관(개인촬영)
	국어1-1 바둑이와 철수(1950년)-대한민국역사박물관		노무원들이 군수 용품을 지고 산을 오르는 모습 (1999년 Stephen D. Austin 기증)-전쟁기념관
	국어1-2(1949), 국어2-1(1954), 국어2-2(1950)-교과서 박물관	081	폐허가 된 도시-미국 국립문서기록관리청(111-SC-343706)
	농사짓기6(1949)-한국교원대학교 교육박물관	082	6·25 전쟁 후 남겨진 아이들-미국 국립문서기록관리청(342-FH-81416, 111-SC-351623, 111-SC-367586, 111-SC-353948, 111-SC-355230, 1111-SC-352264, 111-SC-345450)
	초등셈본1-1(1947)-대한민국역사박물관		
	한글 첫걸음-국립중앙박물관		
021	『조선역사』, 『우리말본』-국립한글박물관	084	전사자 명부-전쟁기념관(개인촬영)
023	『조선말 큰사전』-국립중앙박물관	089	전쟁기념관 형제의 상-전쟁기념관, 한국문화정보원
	『조선말 큰사전』을 만든 사람들-국립한글박물관		인천상륙작전기념관-인천광역시
027	한글가온길 표지석, 대한민국역사박물관-대한민국역사박물관		지평의병 지평리전투기념관-대한민국역사박물관
	『조선말 큰사전』-국립중앙박물관		6·25 전쟁기록물-육군기록정보관리단
	『바둑이와 철수』-국립한글박물관		구멍 난 철모-전쟁기념관(개인촬영)
	일본 항복 문서-제주4·3평화기념관	091	서울 올림픽(1988년) 마스코트, 호돌이-국립민속박물관
033	신탁 통치를 반대하는 전단지-전쟁기념관	093	미국의 원조 포스터-대한민국역사박물관
	신탁 통치를 반대하는 국민들의 모습-대한민국역사박물관	098	2002년 한일 월드컵 경기 응원 모습-게티이미지
040	5·10 총선거 포스터-국립민속박물관	099	서울 올림픽(1988년) 마스코트 호돌이, 평창 동계 패럴림픽(2018년) 마스코트 반다비, 평창 동계 올림픽(2018년) 마스코트 수호랑-국립민속박물관
045	경교장-한국관광공사		
	경교장의 거실, 귀빈 식당, 임시 정부 요인들의 숙소, 경교장의 깨진 유리창-대한민국역사박물관		
	경교장에서 김구 선생이 총에 맞았을 때 입었던 옷-문화재청	105	한국경제발전전시관-한국관광공사
047	덕수궁 석조전-덕수궁관리소		새마을운동 포스터-대한민국역사박물관
	제주 4·3평화공원, 경교장-한국관광공사		새마을운동 기록물-문화재청
	5·10 총선거 포스터-국립민속박물관		서울올림픽 기념주화-국립민속박물관
058	끊어진 한강 다리-전쟁기념관	114	전태일 동상-개인촬영
060	6·25 전쟁 때 사용했던 무기들과 전차-전쟁기념관	115	전태일기념관(외부)-개인촬영(윤정원)
063	학도병의 모자, 학도병의 태극기-전쟁기념관		전태일기념관(내부)-전태일기념관 홈페이지
066	6·25 전쟁 전후로 뿌려진 심리 전단들-국립민속박물관, 전쟁기념관		서울 평화시장-한국관광공사
069	맥아더 장군의 사진과 그가 사용한 담배 파이프-전쟁기념관(개인촬영)	123	국립4·19 민주묘지, 5·18 민주화운동기록관, 민주인권기념관-한국관광공사
	유엔군 사령관, 맥아더 장군-전쟁기념관		
072	흥남 철수 작전(그림 오병욱)-전쟁기념관		

124	**남북 정상 회담 기념 북한 우표**-대한민국역사박물관	
127	**지뢰**-전쟁기념관	
	비무장지대(DMZ)-한국관광공사	
129	**간첩 신고 표어**-대한민국역사박물관	
	간첩 자수 안내문-국립민속박물관	
	군사 안보 표어-국립한글박물관	
133	**2000년 김대중-김정일 남북 정상 회담,**	
	2007년 노무현-김정일 남북 정상 회담,	
	2018년 문재인-김정은 남북 정상 회담-연합뉴스	
135	**이산가족 벽보**-연합뉴스	
139	**통일교육원, 제2땅굴, 판문점**-한국관광공사	
	KBS 특별 생방송 기록물-연합뉴스	
	남북 정상 회담 기념 북한 우표-대한민국역사박물관	
142	**다부동 전투(그림 최낙경), 도솔산 전투(그림 안재후)**-전쟁기념관	
	다부동 전투 지역의 현재 모습,	
	도솔산 전투 지역의 현재 모습-대한민국역사박물관	
143	**수도고지와 지형능선 전투(그림 안재후),**	
	351고지 공군 지원 작전(그림 박영식),	
	부산 국제 시장(그림 김홍년)-전쟁기념관	
	백마고지 전적지에서 바라본 현재 모습,	
	351고지 전투 작전 지원비가 있는 통일동산,	
	부산 국제 시장의 현재 모습-대한민국역사박물관	
147	**서울 효창공원**-대한민국역사박물관	
	안중근 의사 가묘, 삼의사묘(이봉창, 윤봉길, 백정기), 원효대사 동상,	
	이봉창 의사 동상, 윤봉길 의사 묘-문화재청	
148	**유엔평화기념관, 임시수도기념관**-한국관광공사	
149	**부산 감천문화마을, 철원 백마고지위령비와 기념관**-한국관광공사	
	칠곡 호국 공원, 양산 도솔산 전투지-대한민국역사박물관	
150	**국립대전현충원**-한국관광공사	
151	**국립서울현충원**-국립현충원 홈페이지	
152	**국립4·19민주묘지**-한국관광공사	
153	**5·18 민주화 운동 기록관**-한국관광공사	
155	**국토발전전시관, 대한민국역사박물관, 청와대 사랑채,**	
	글로벌지식협력단지 경제발전관-한국관광공사